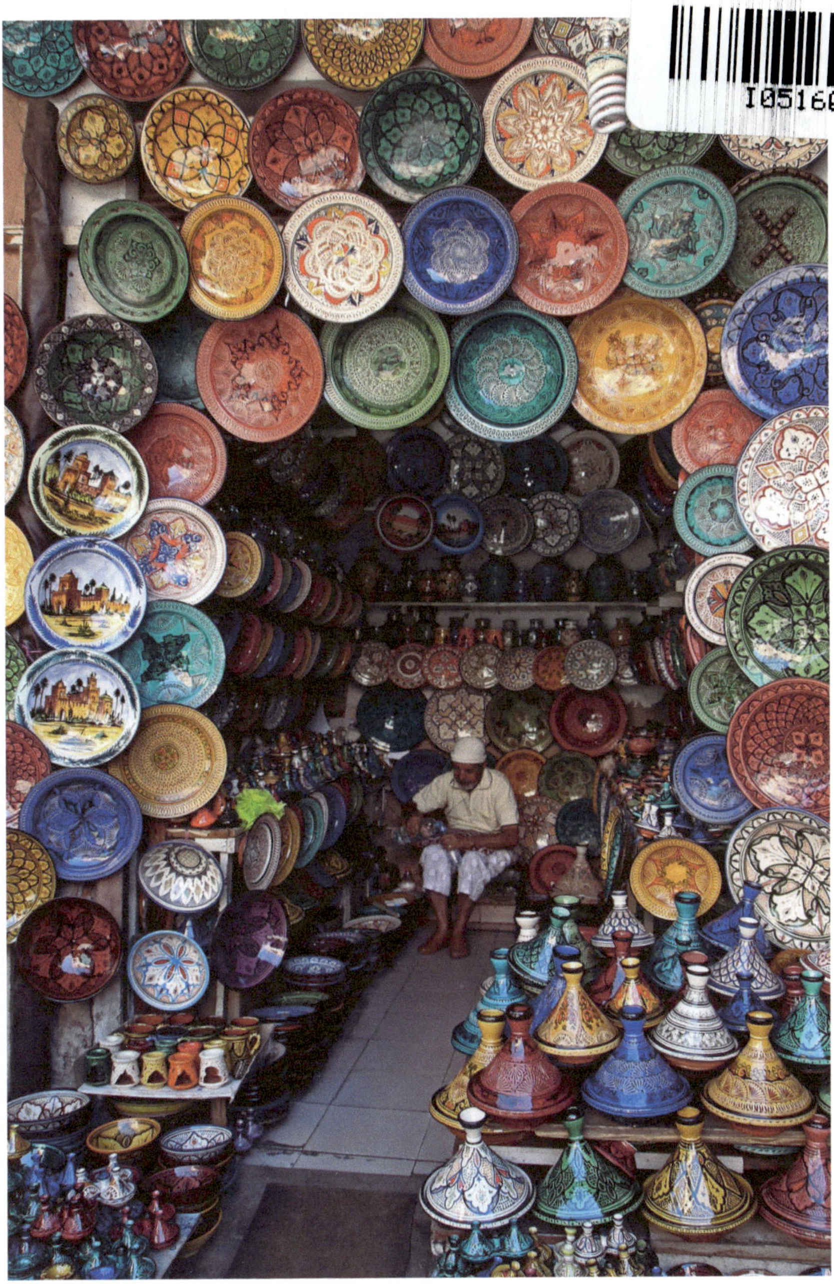

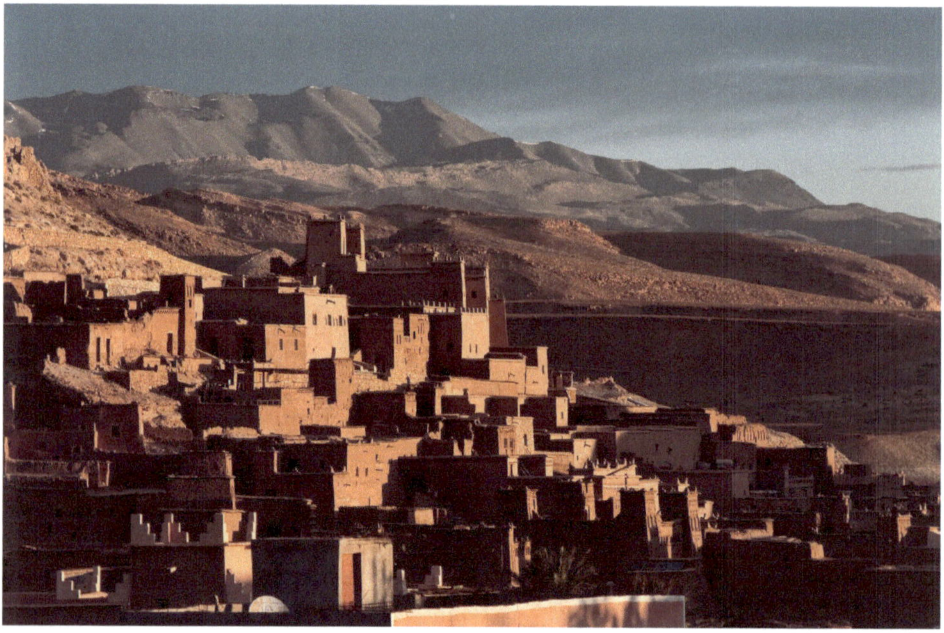

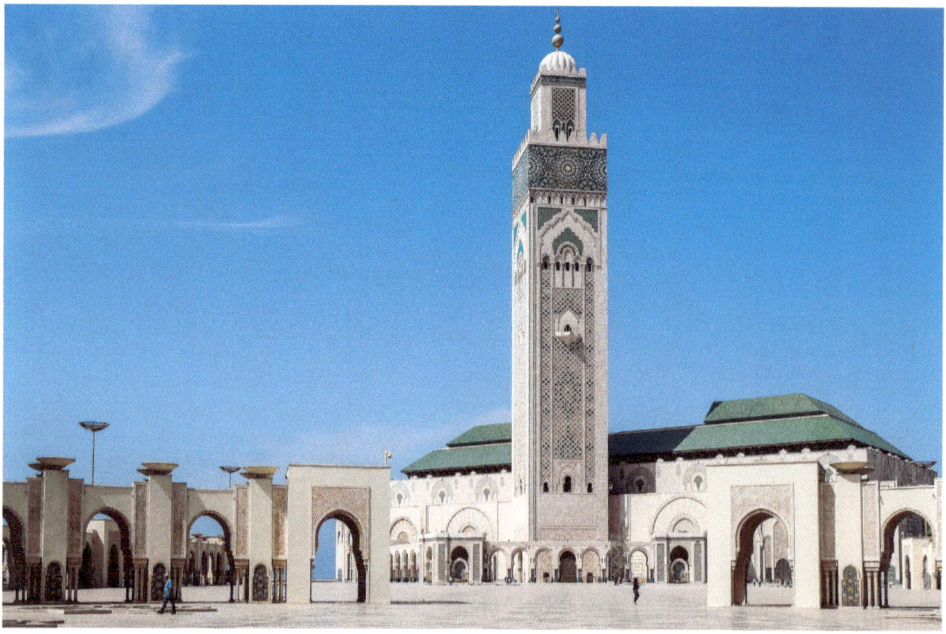

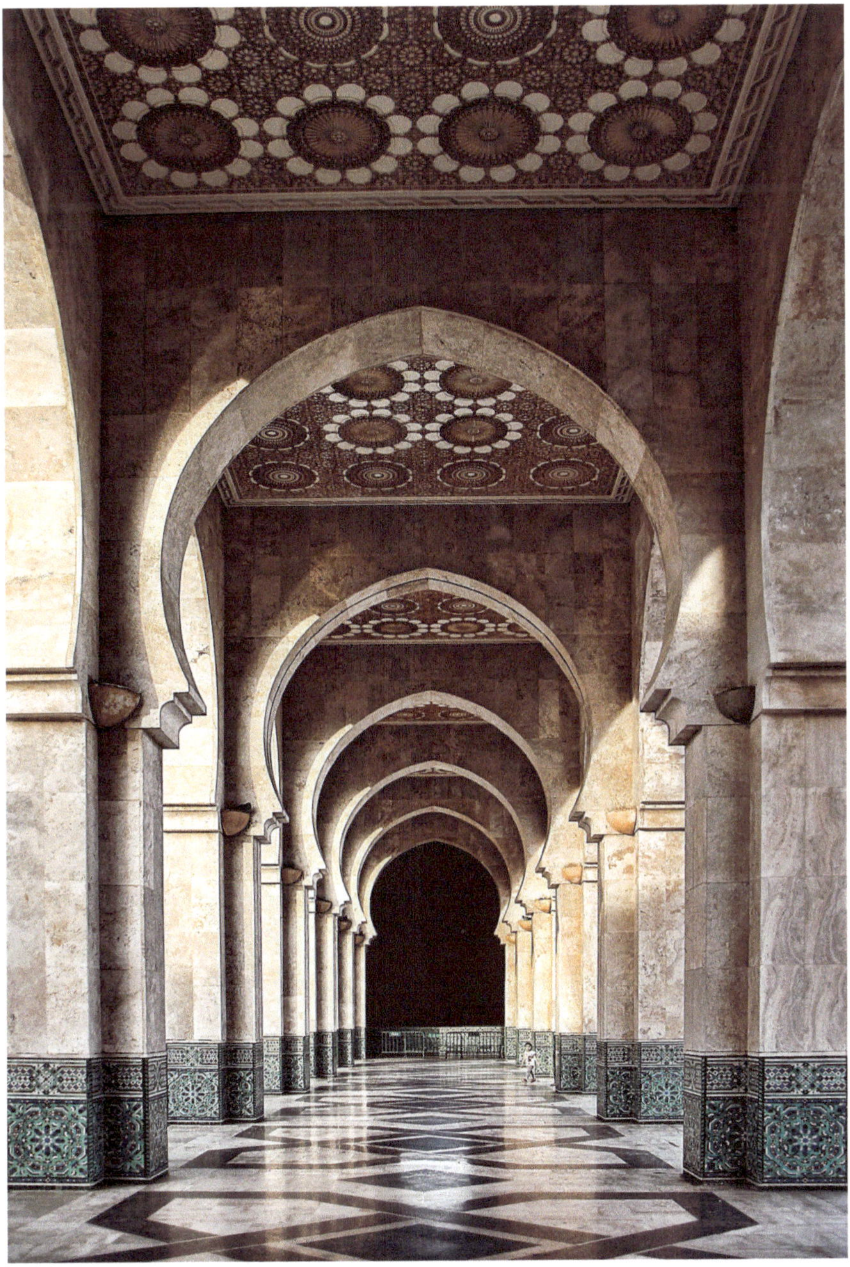

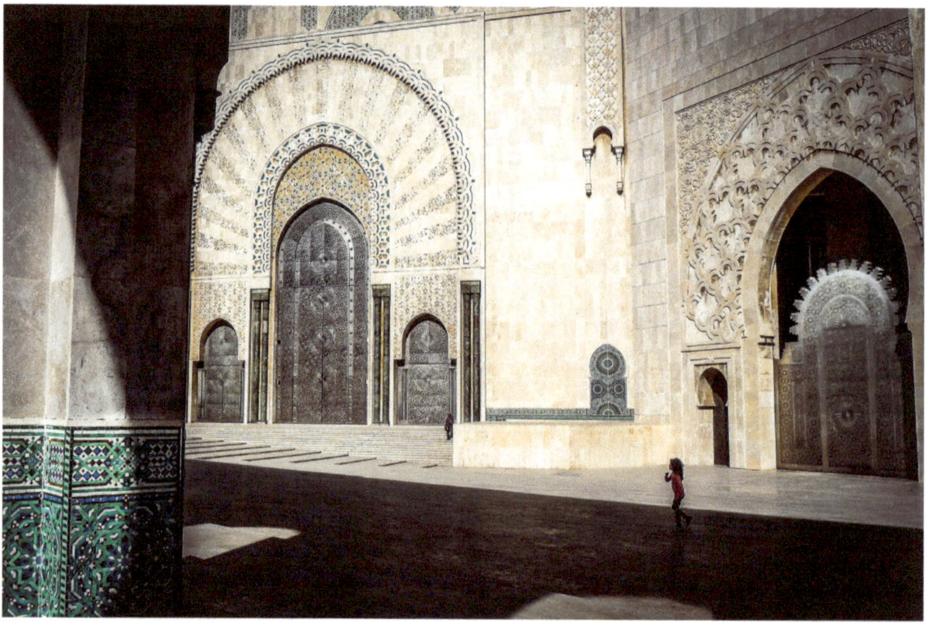

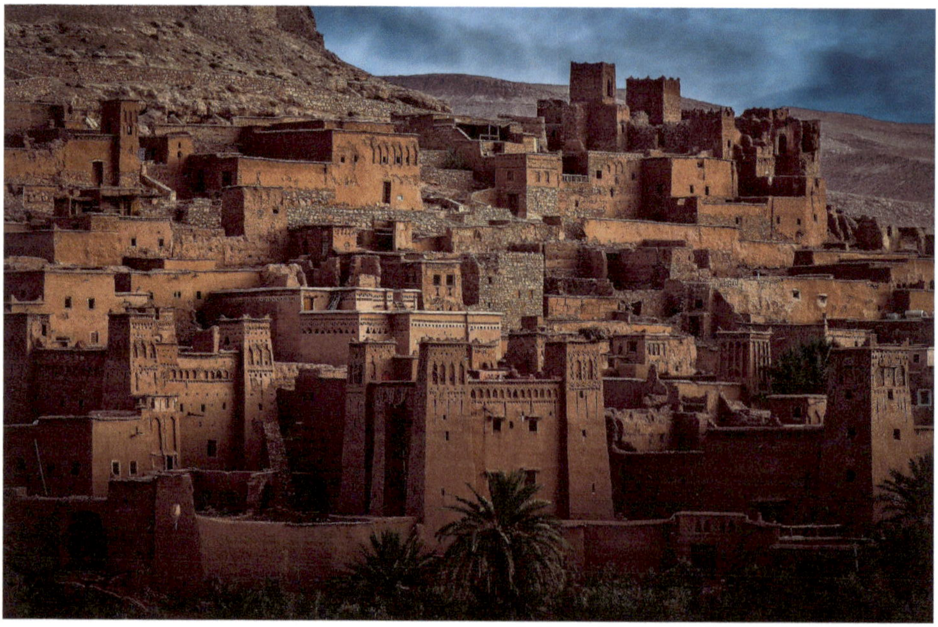

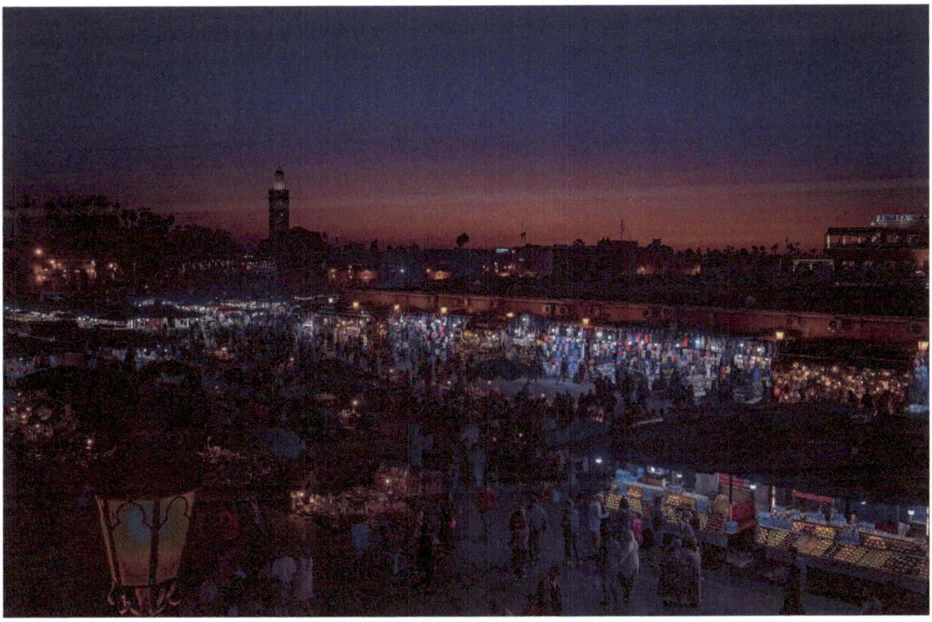

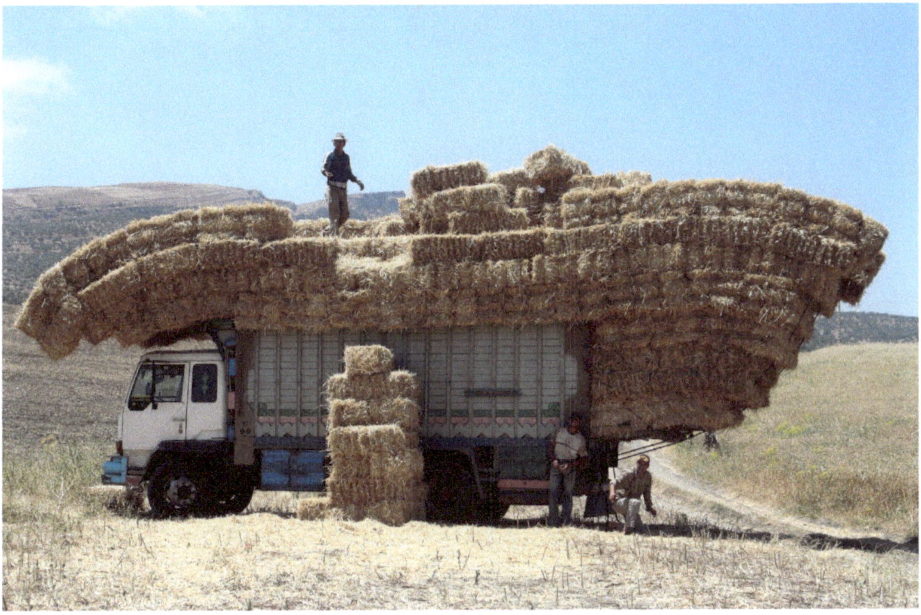

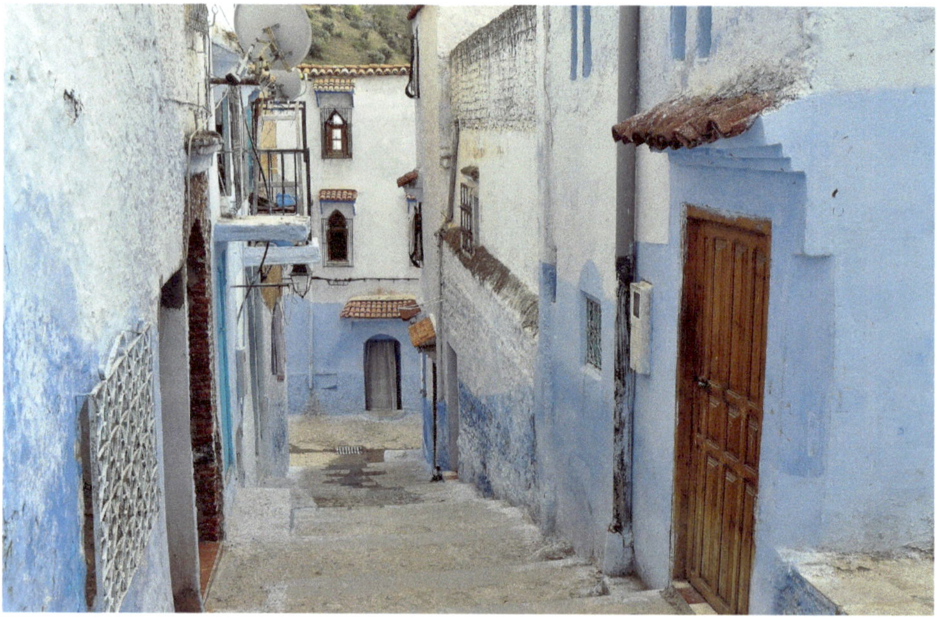

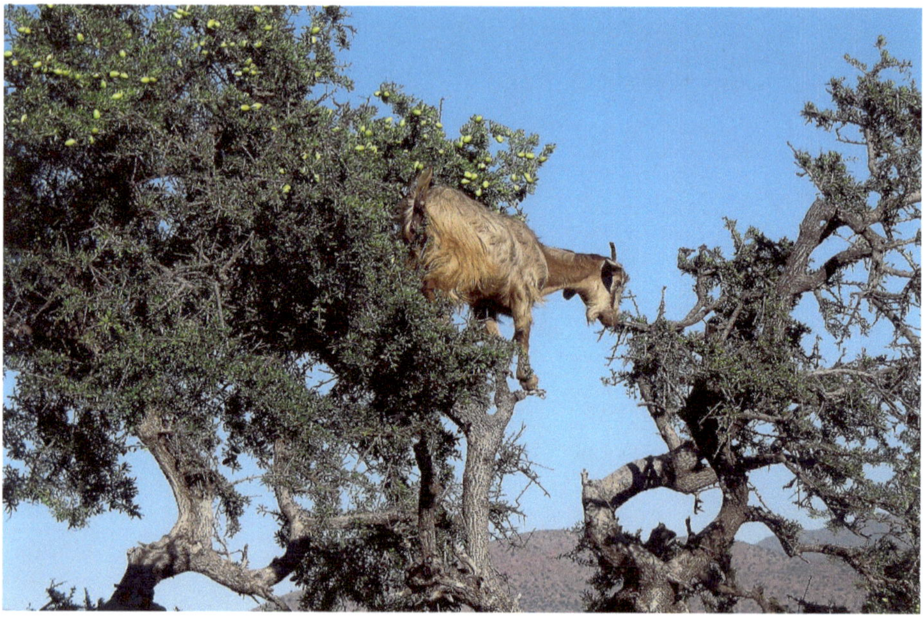

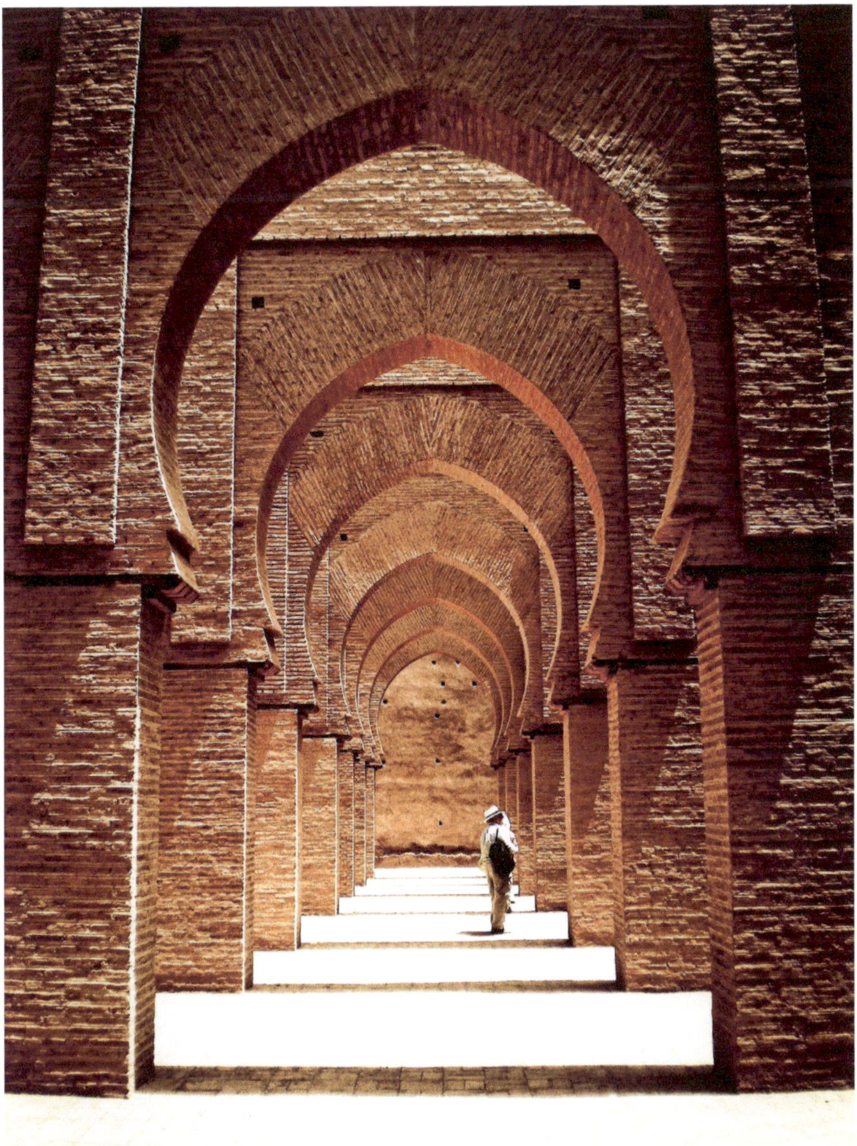

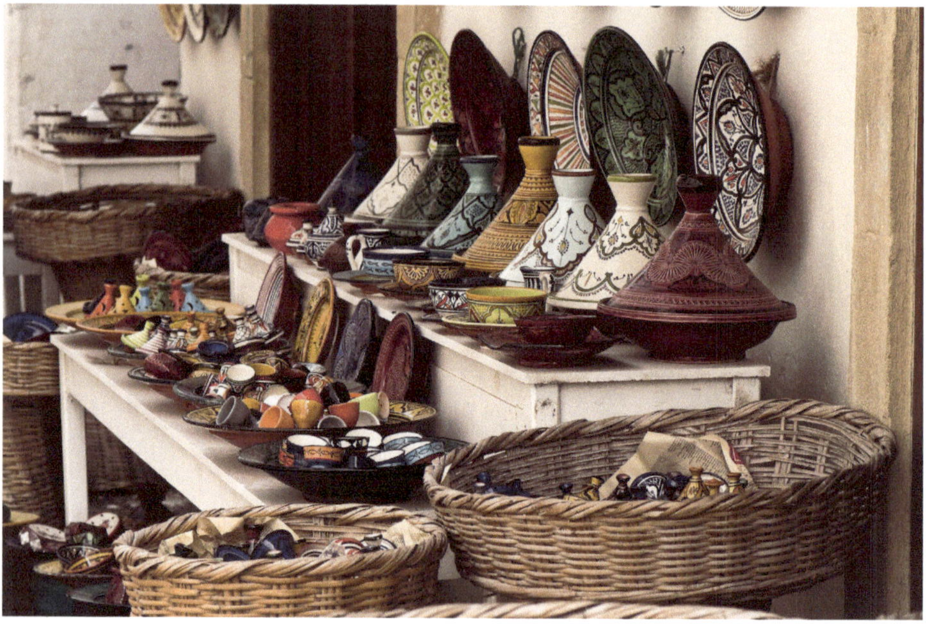

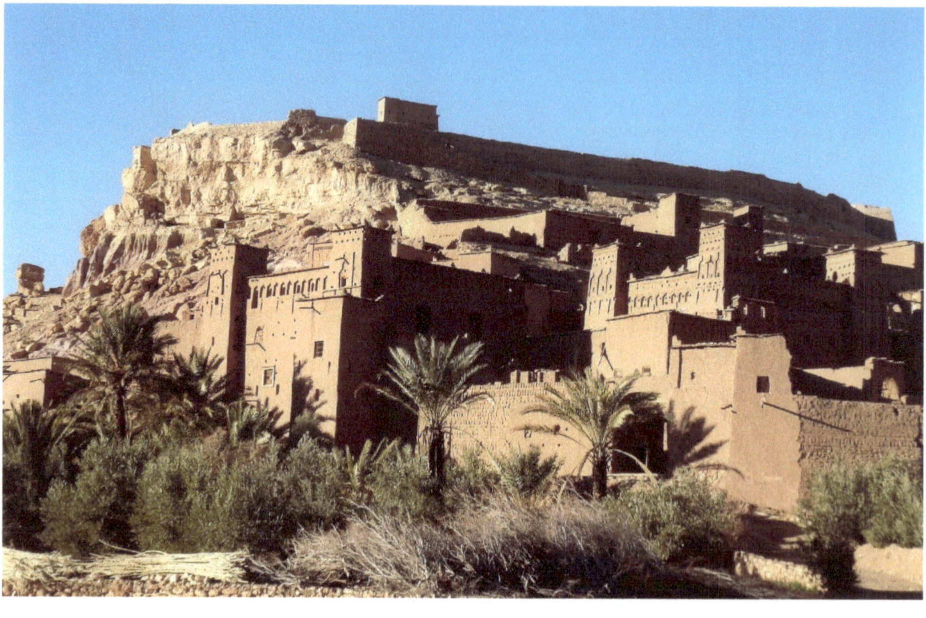

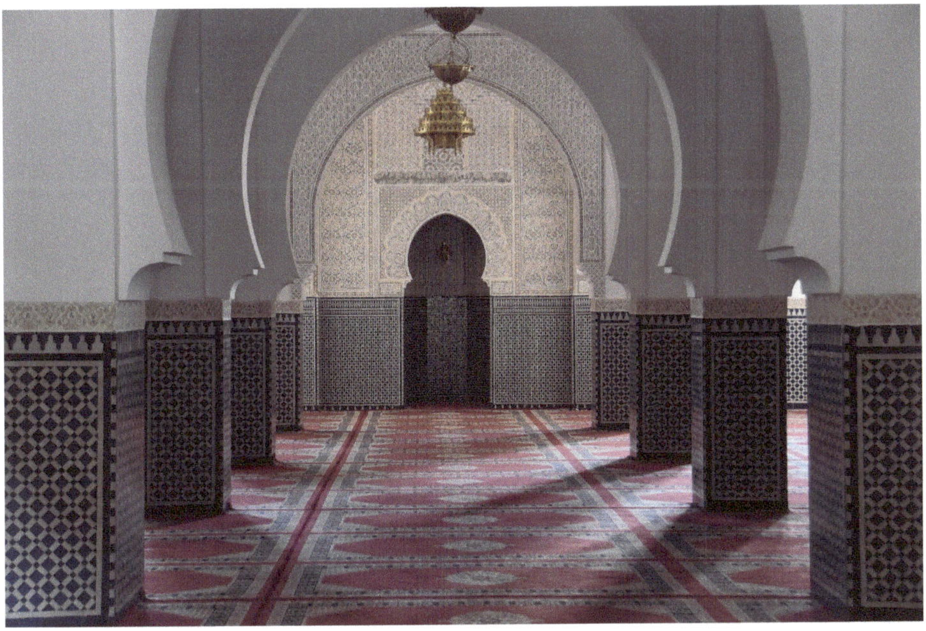

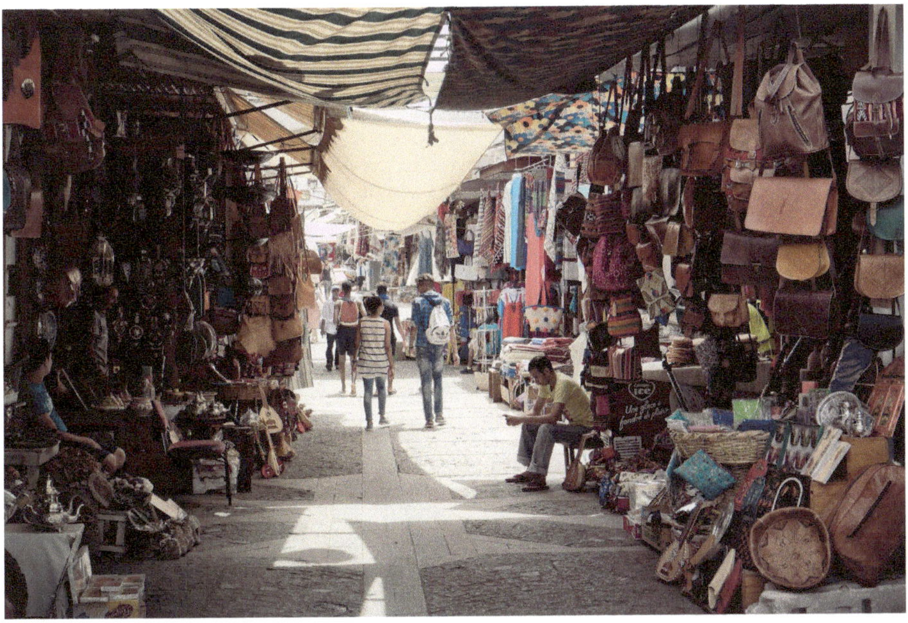

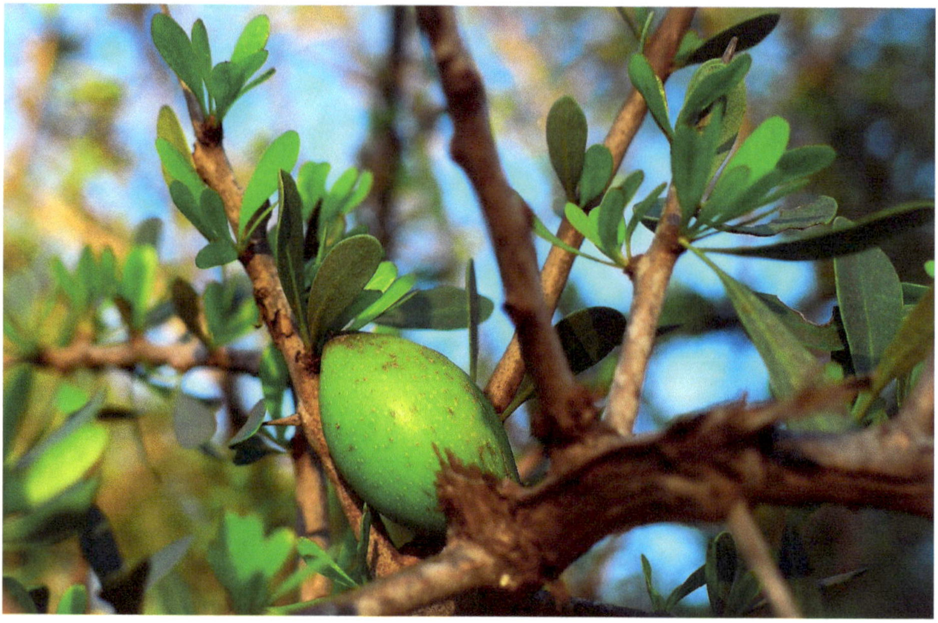

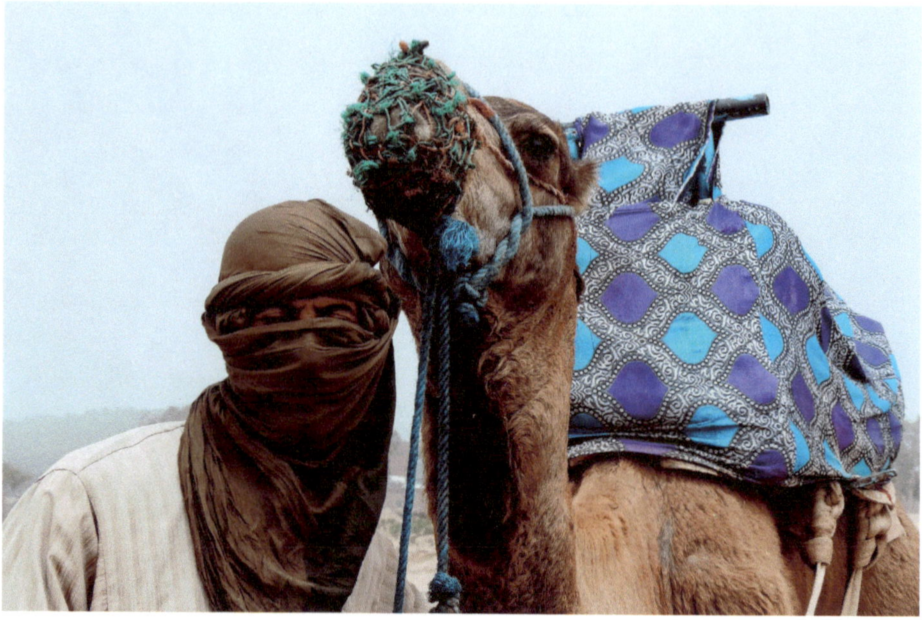

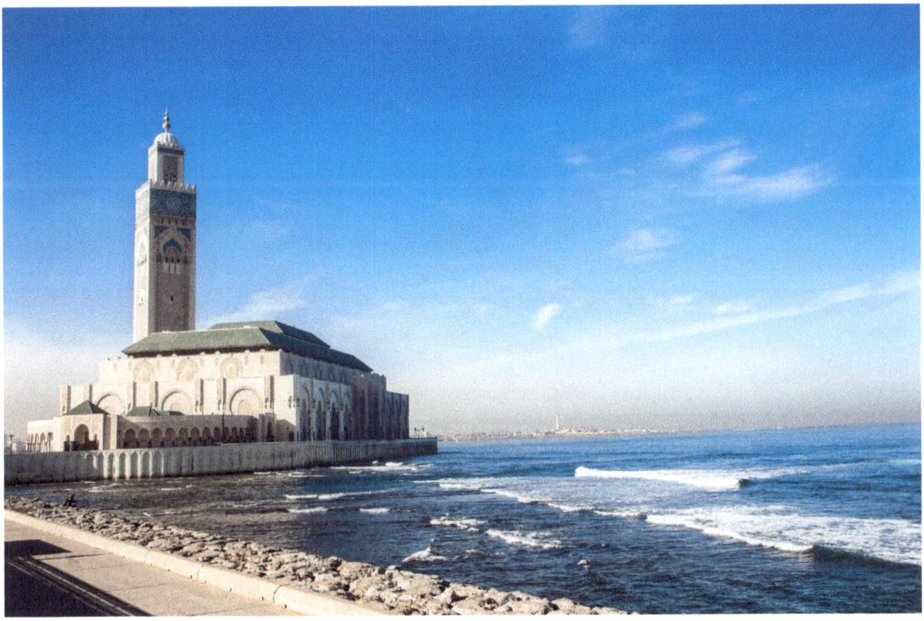

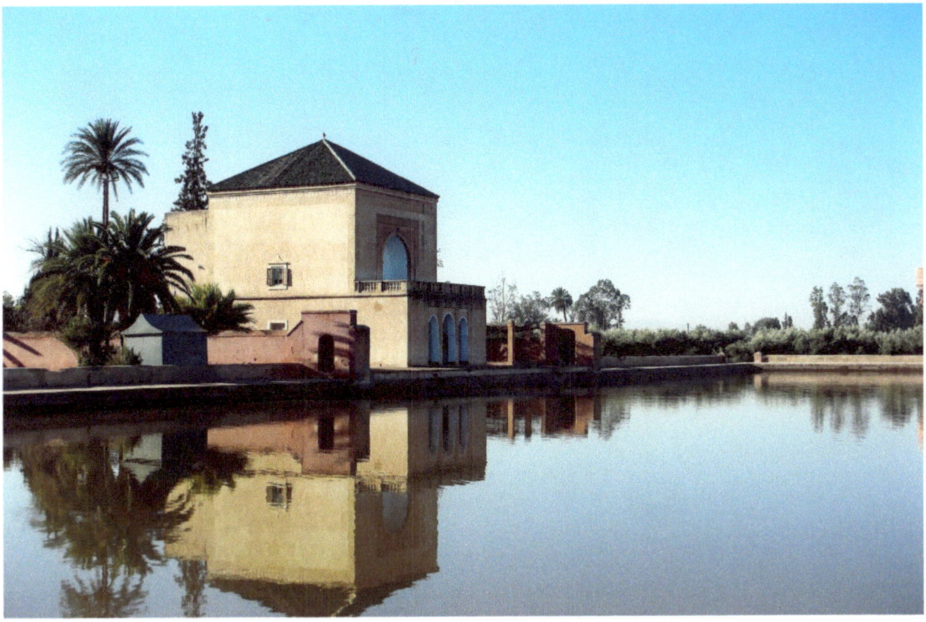

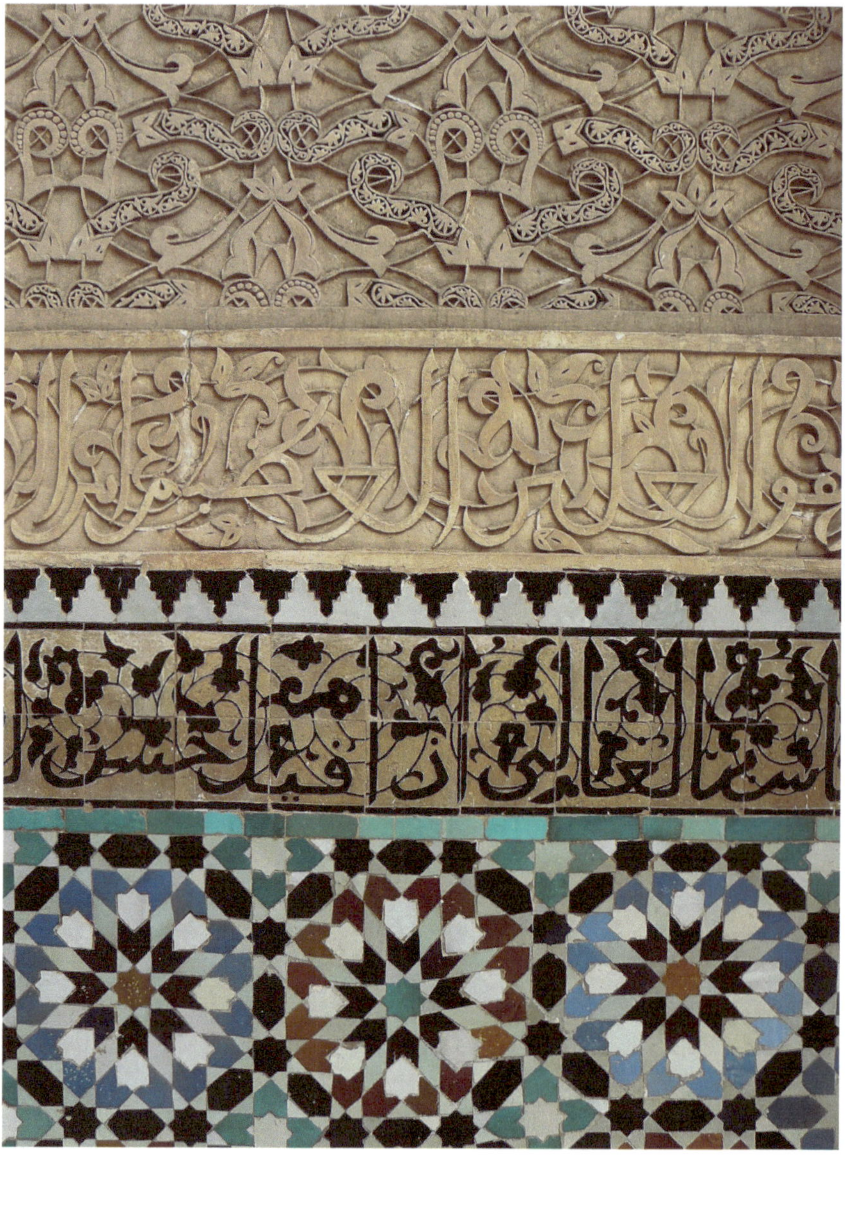

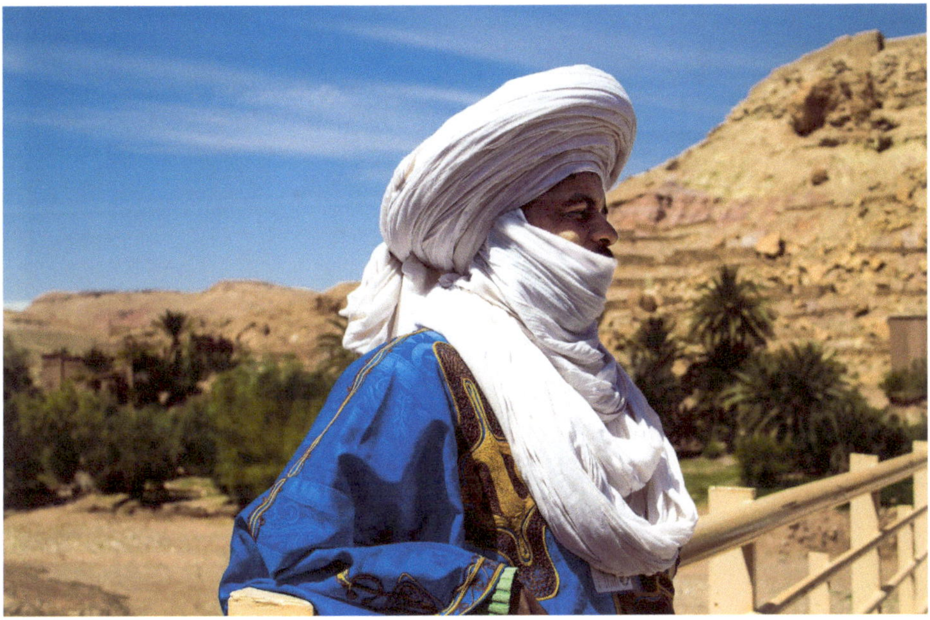

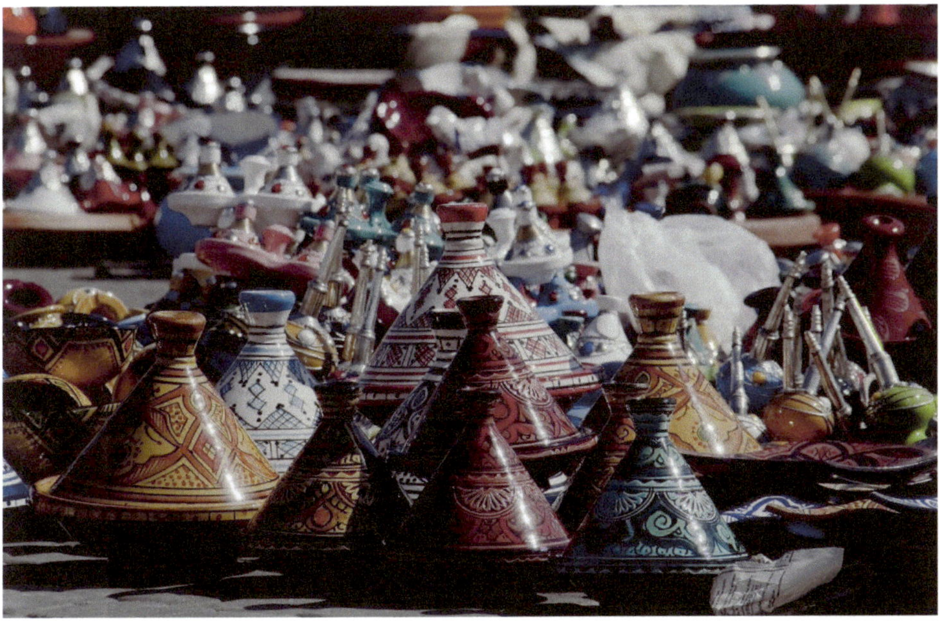

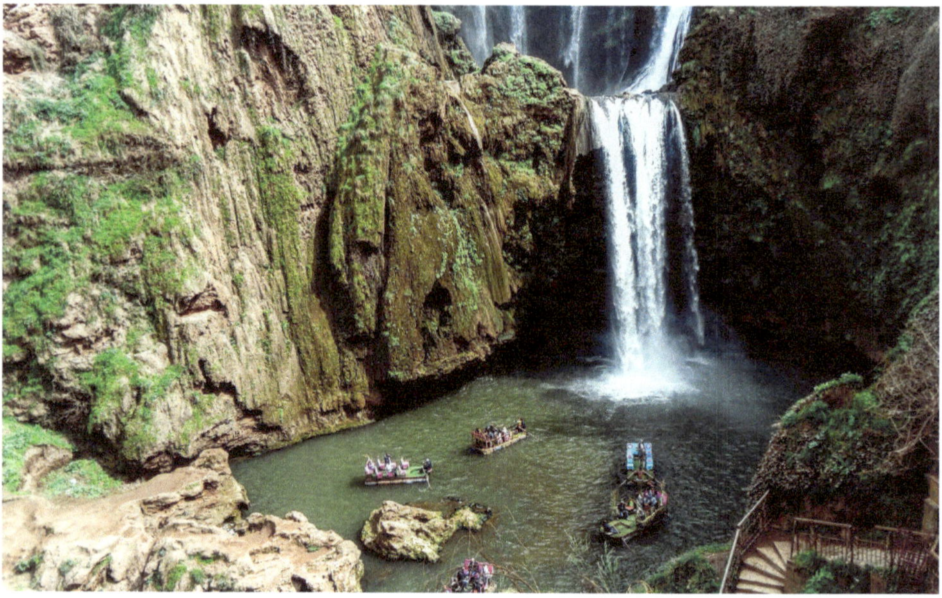

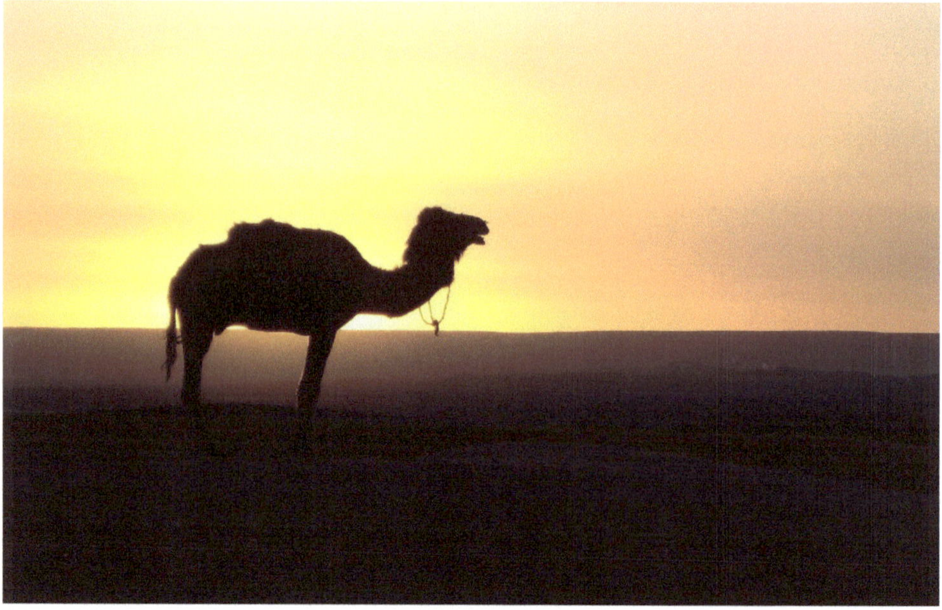

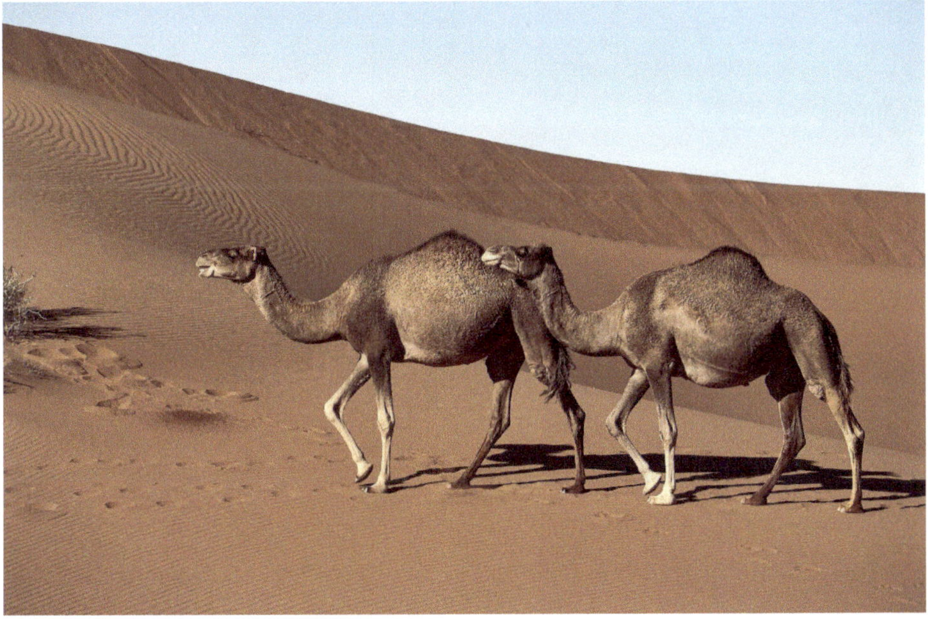

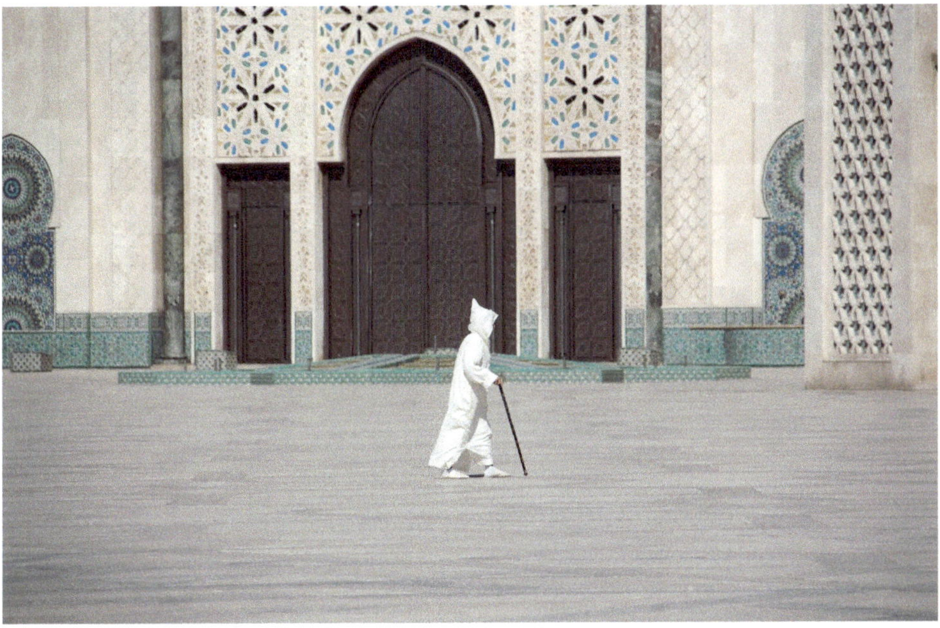

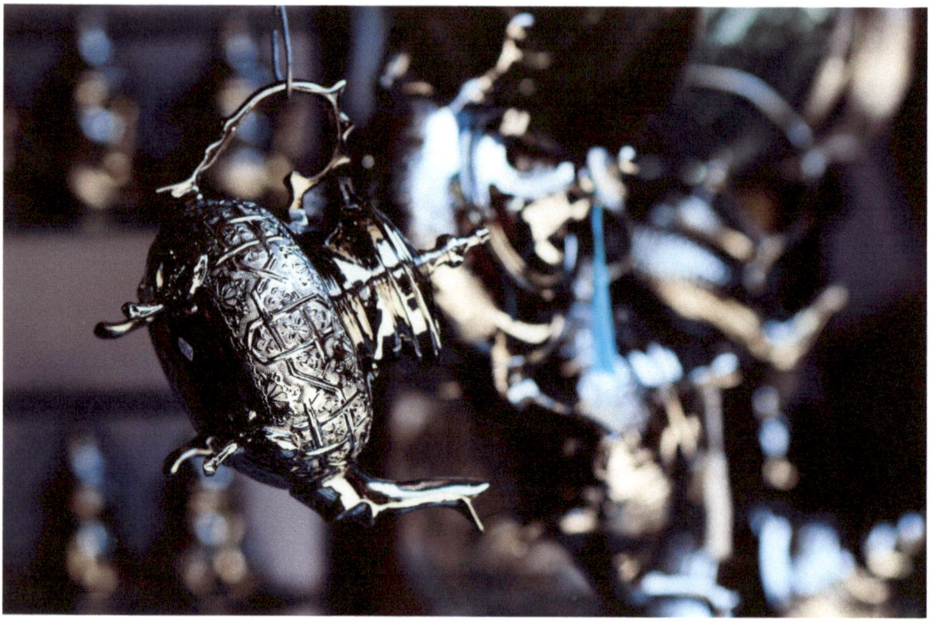

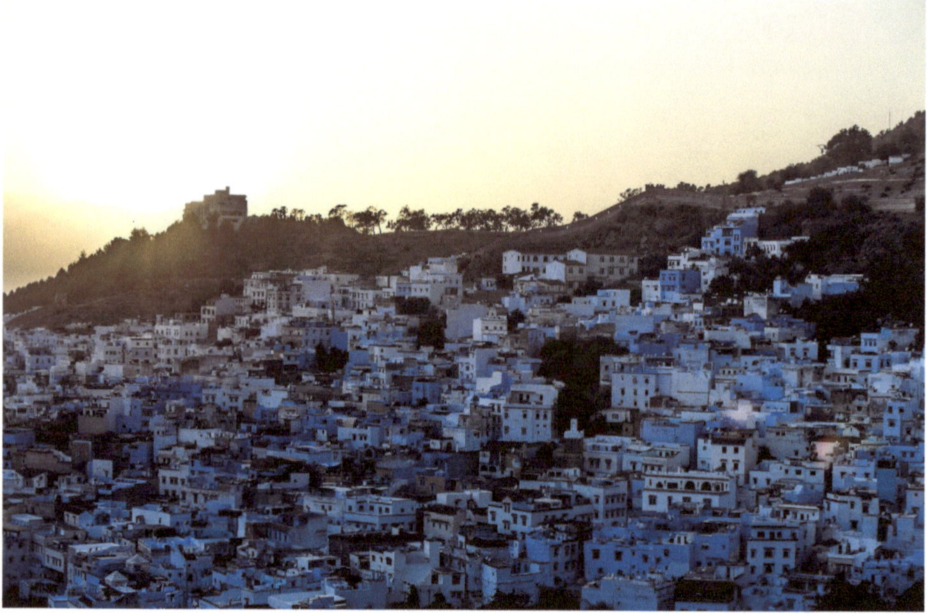

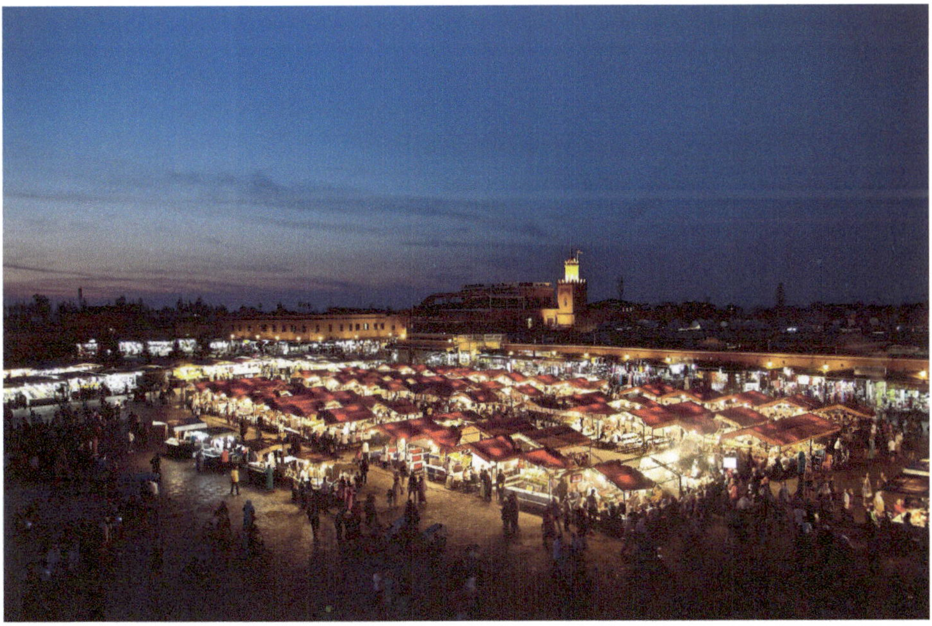

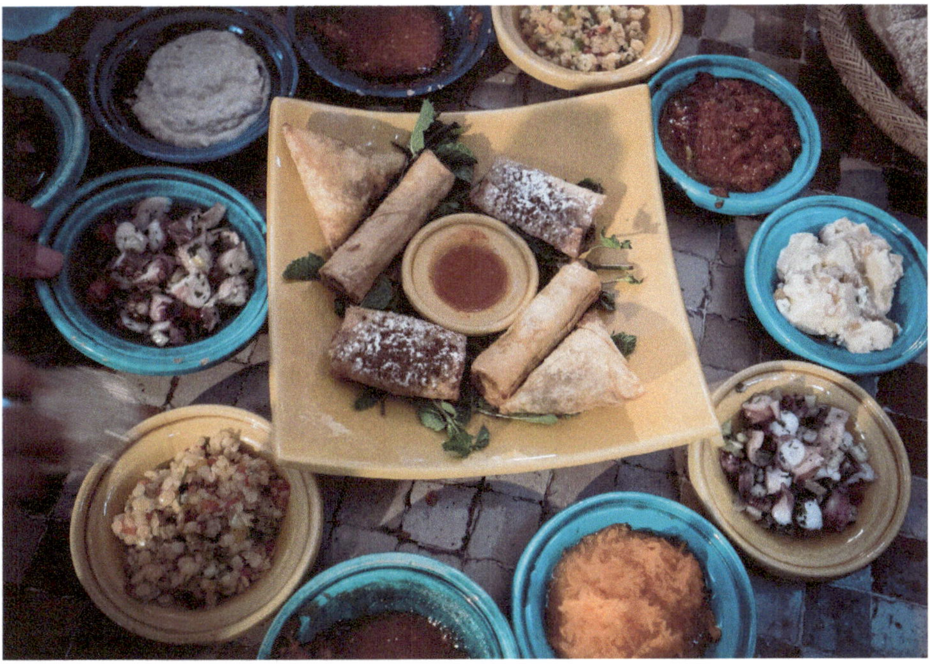

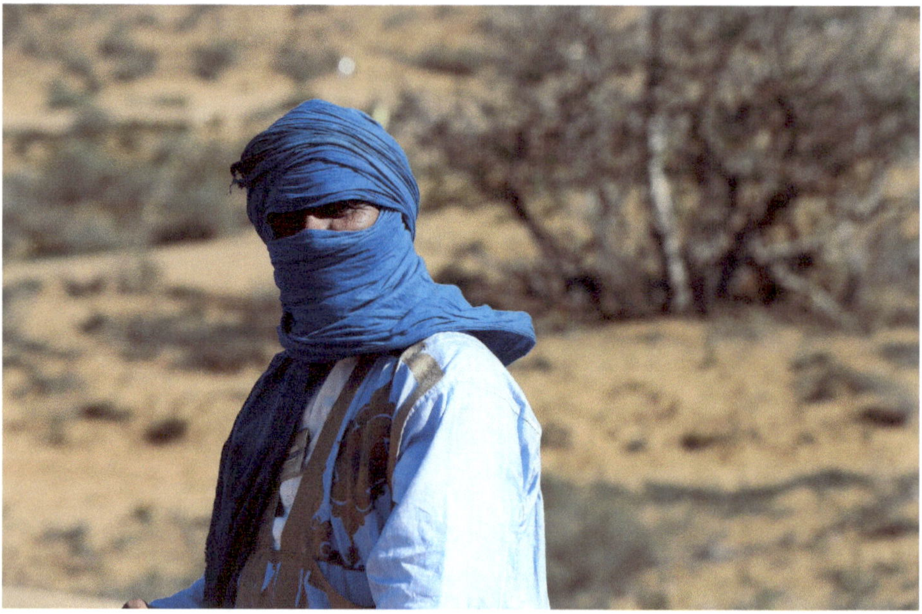

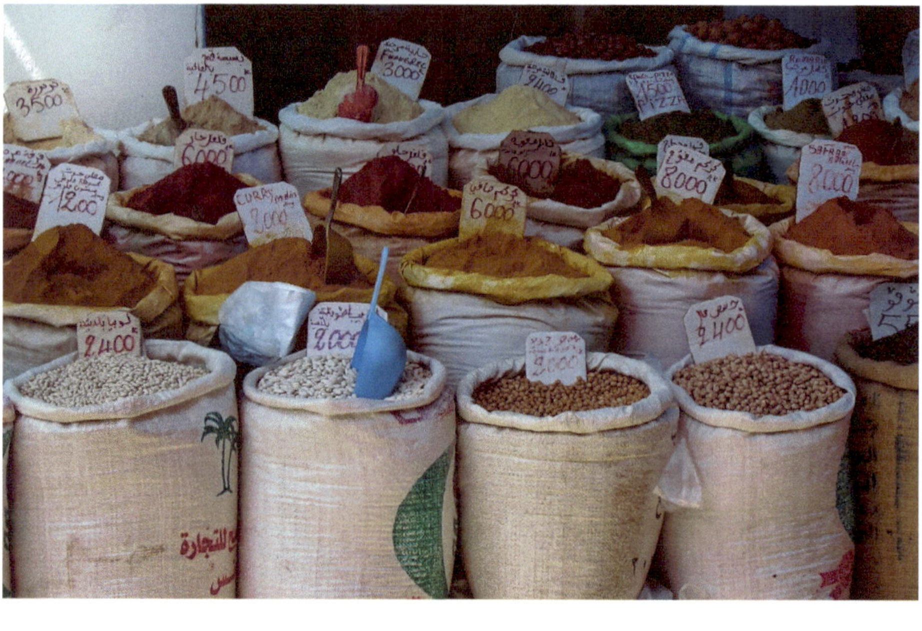

3500
4500
3000
6000
1200
CURRY
2000
6000
6000
8000
8000
2400
2000
2000
2400

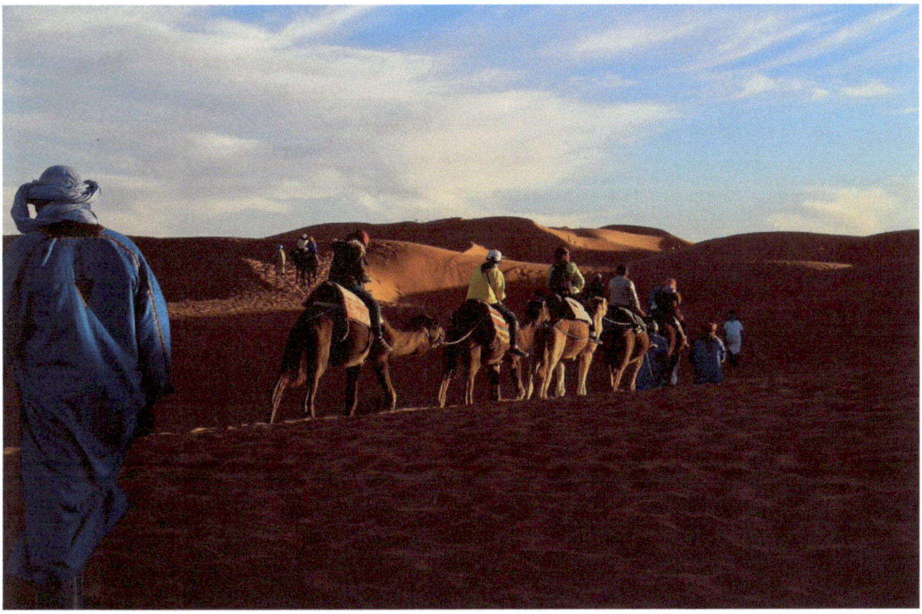

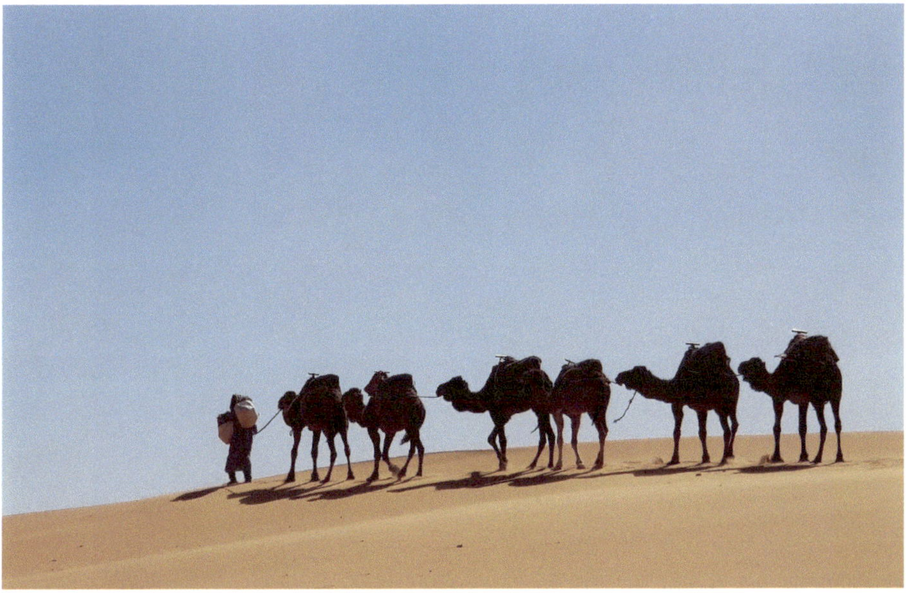

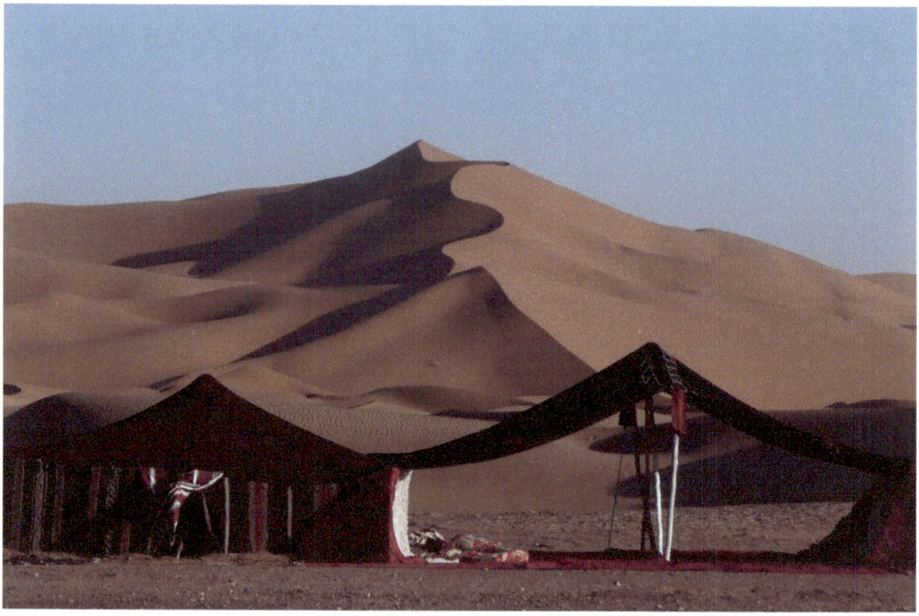

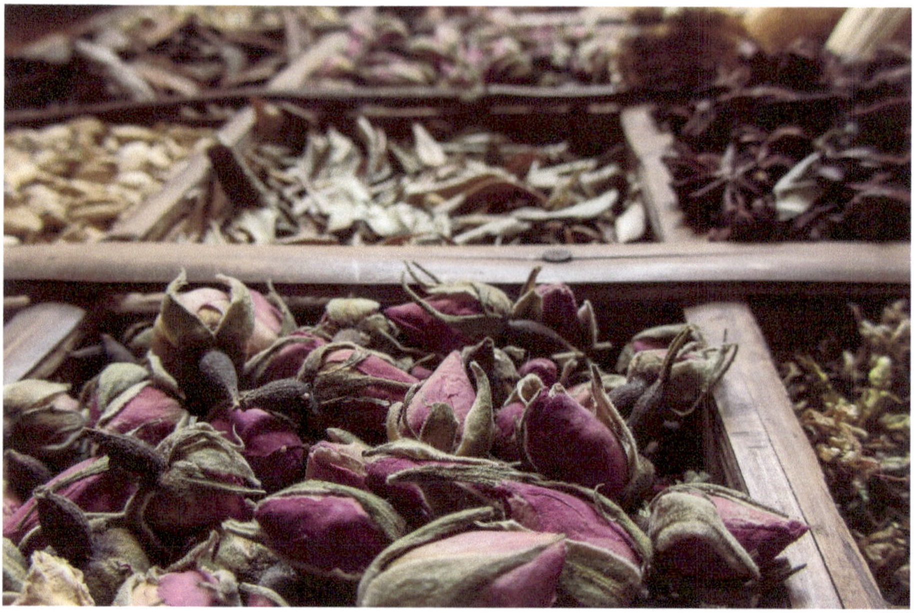

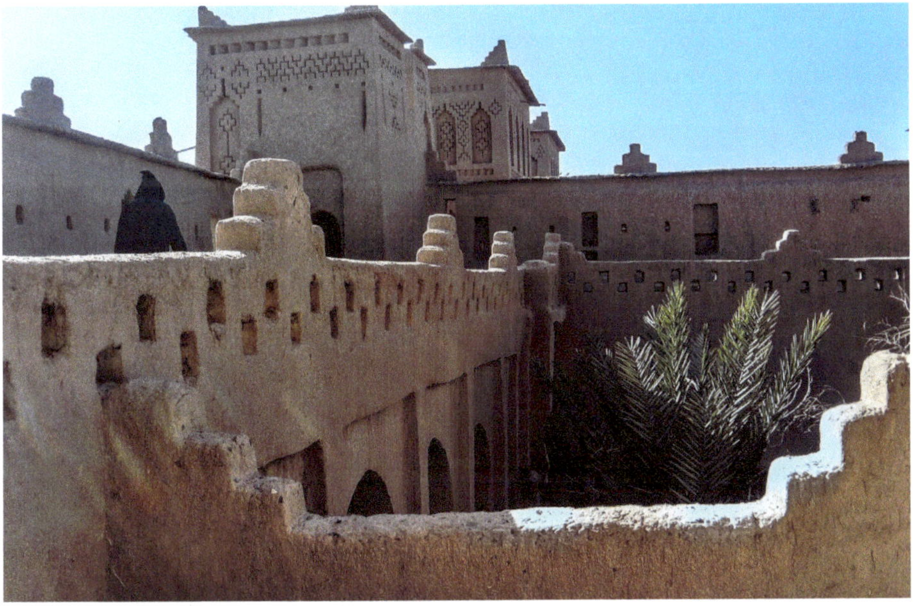

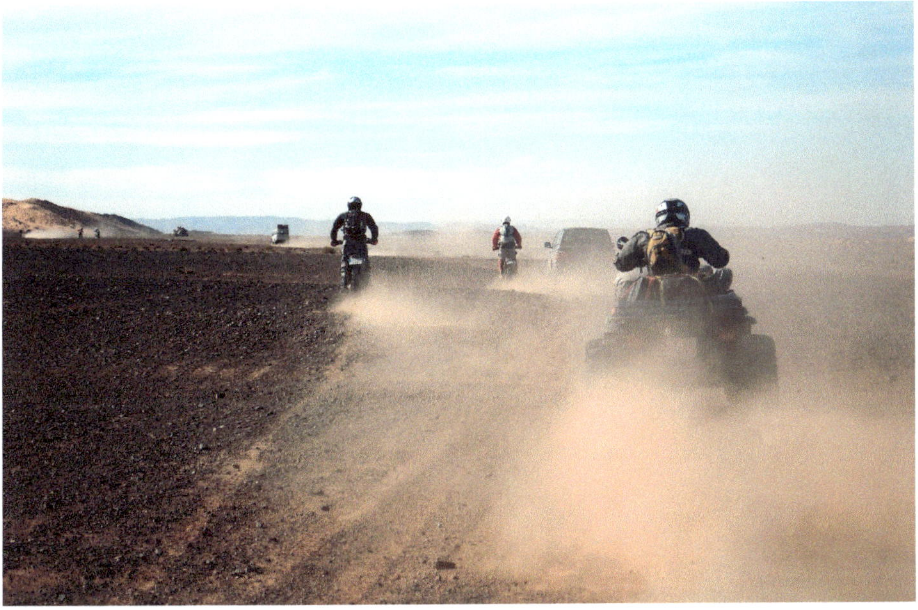

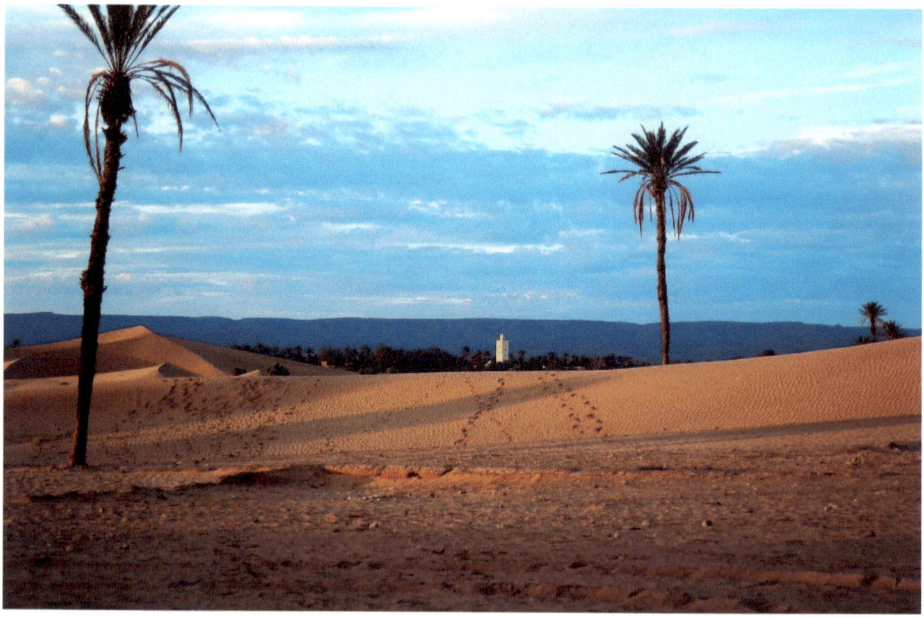

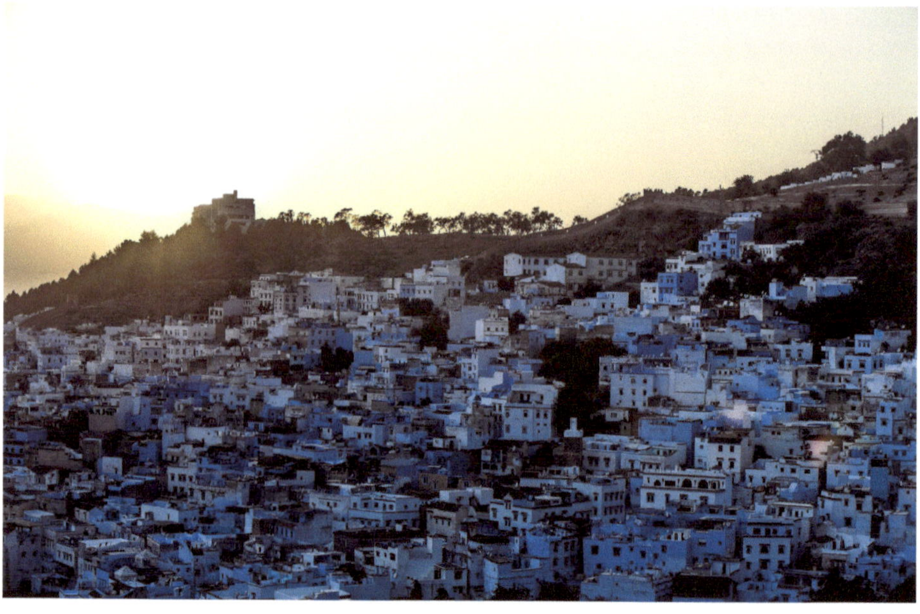

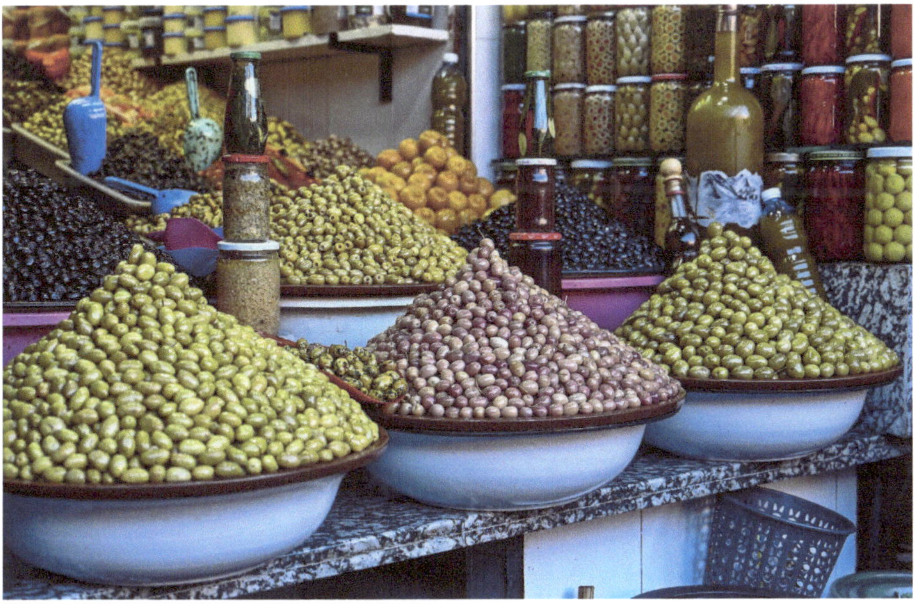

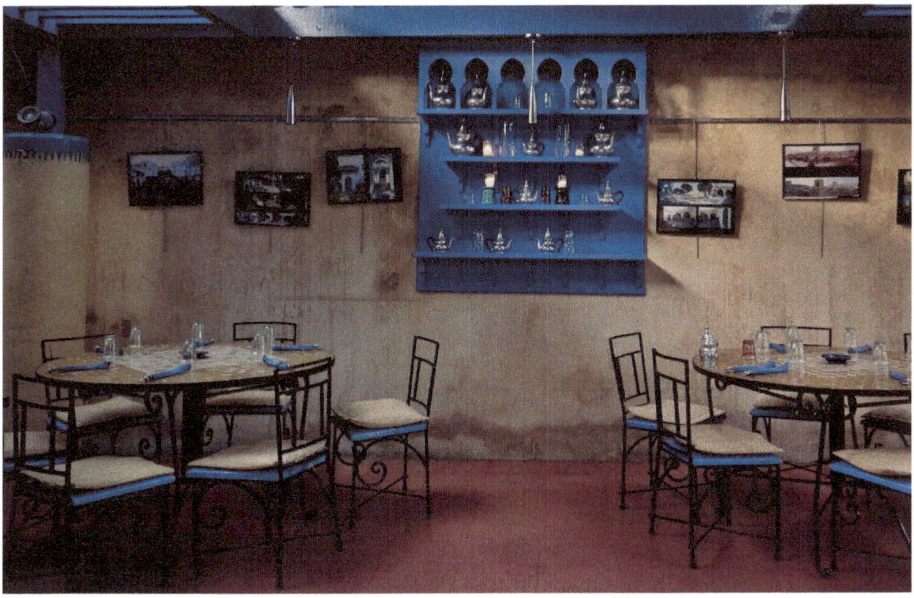

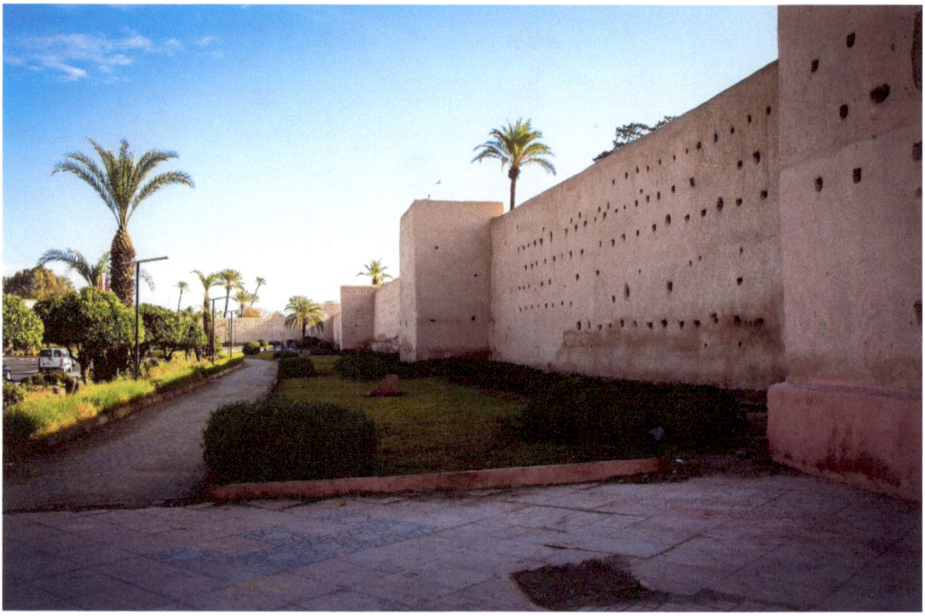

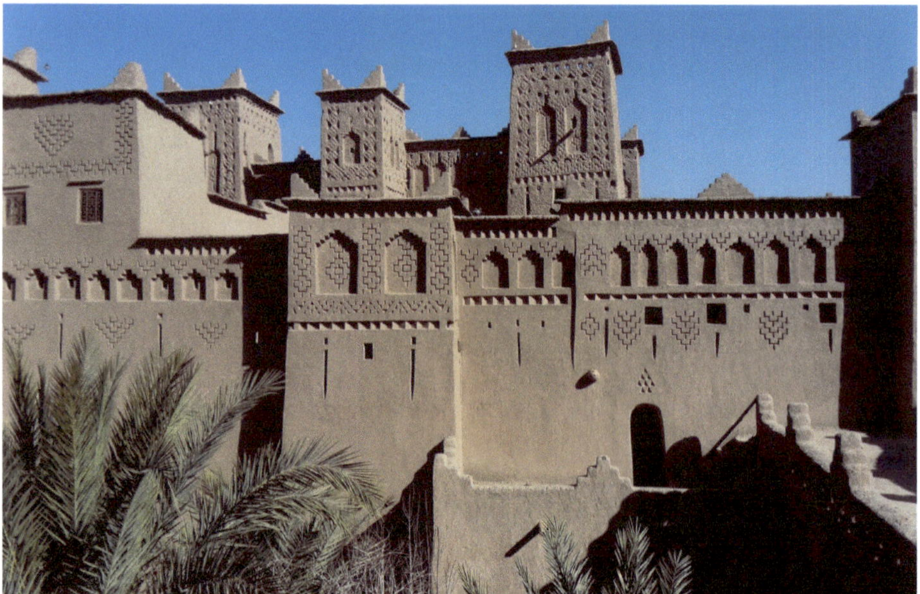

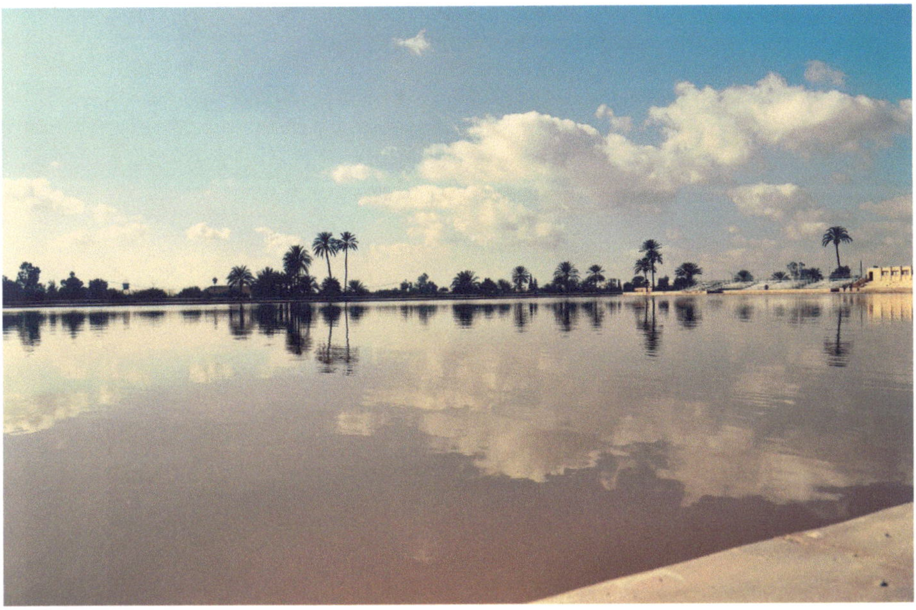

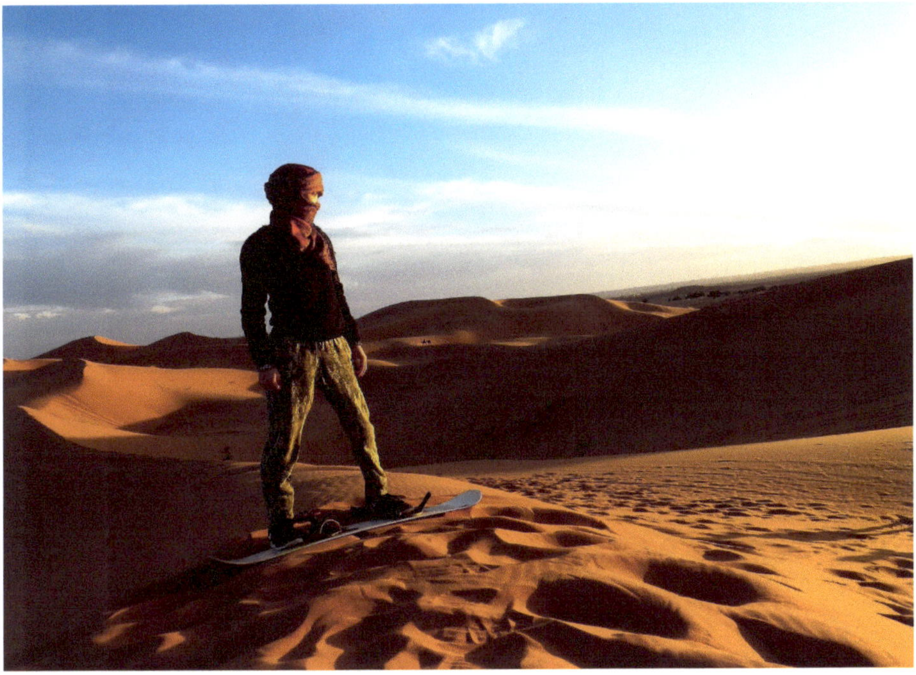

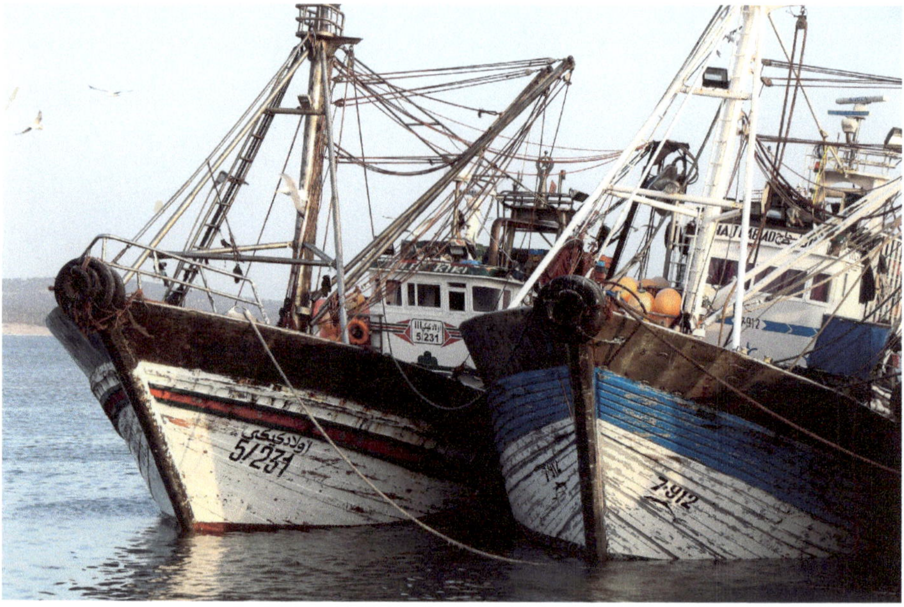
5/231
7-912

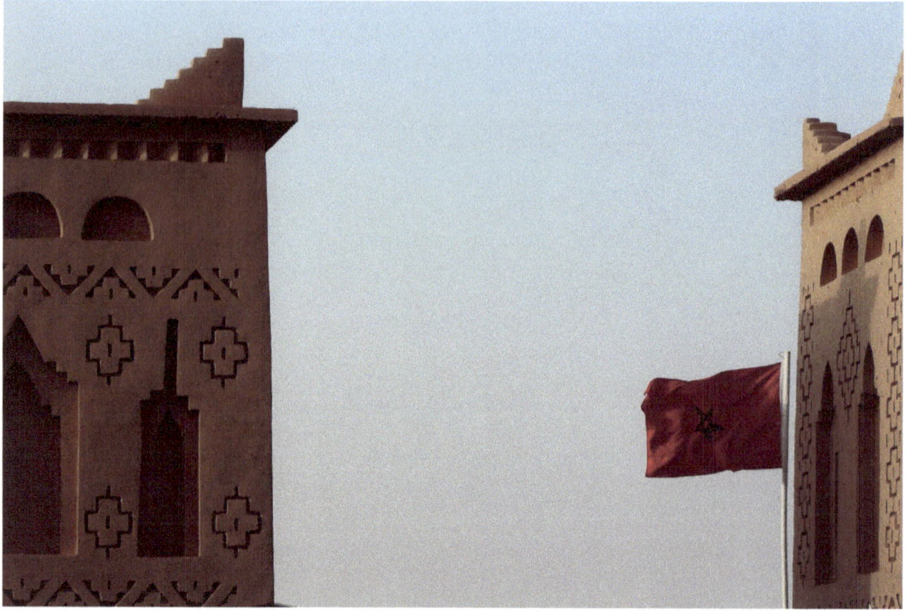

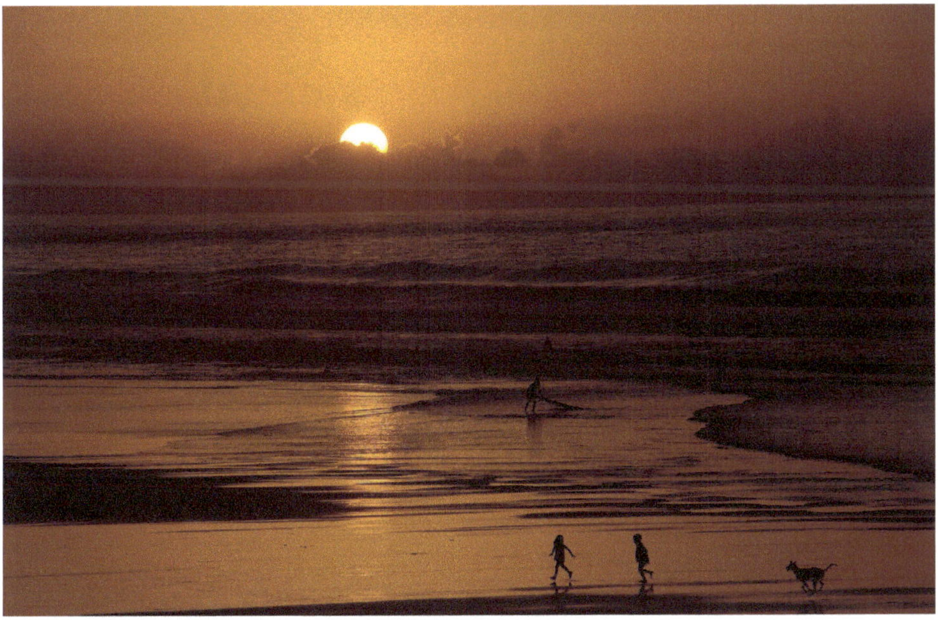

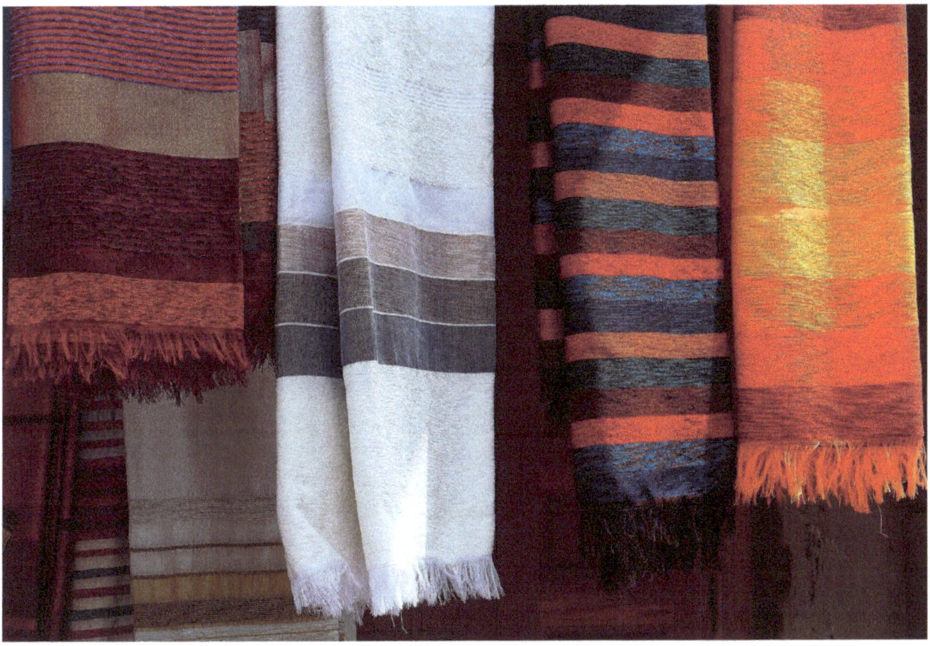

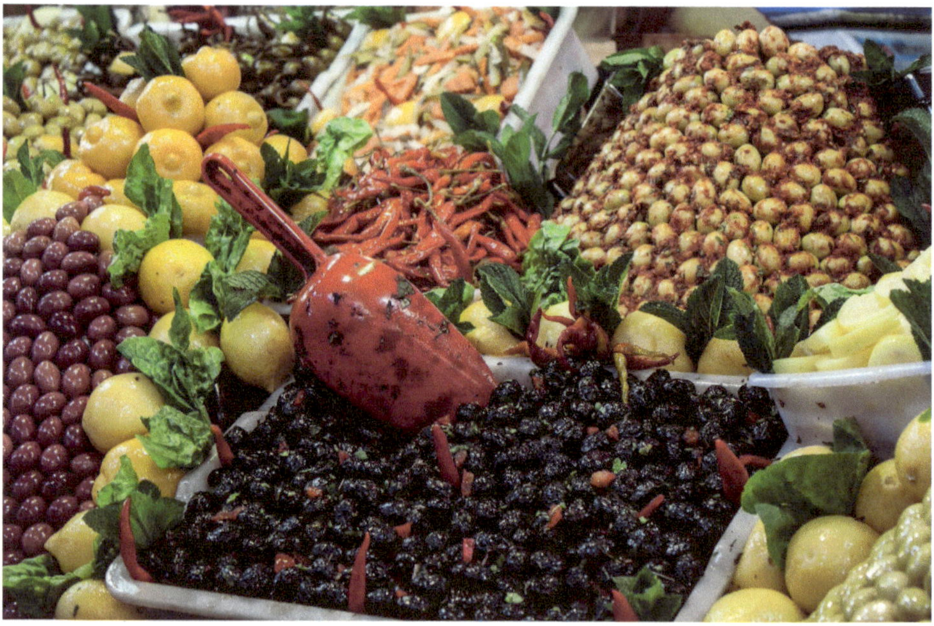

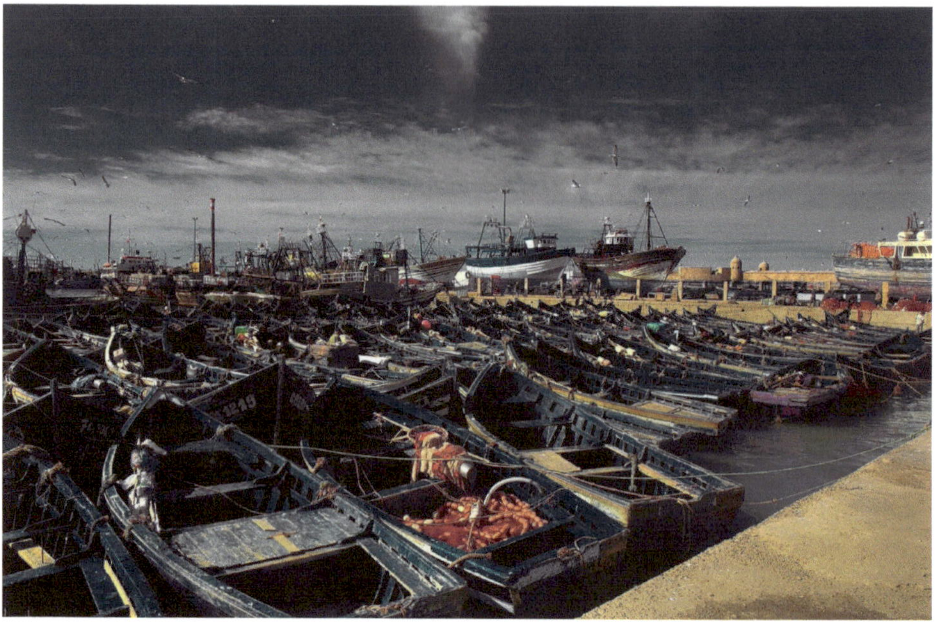

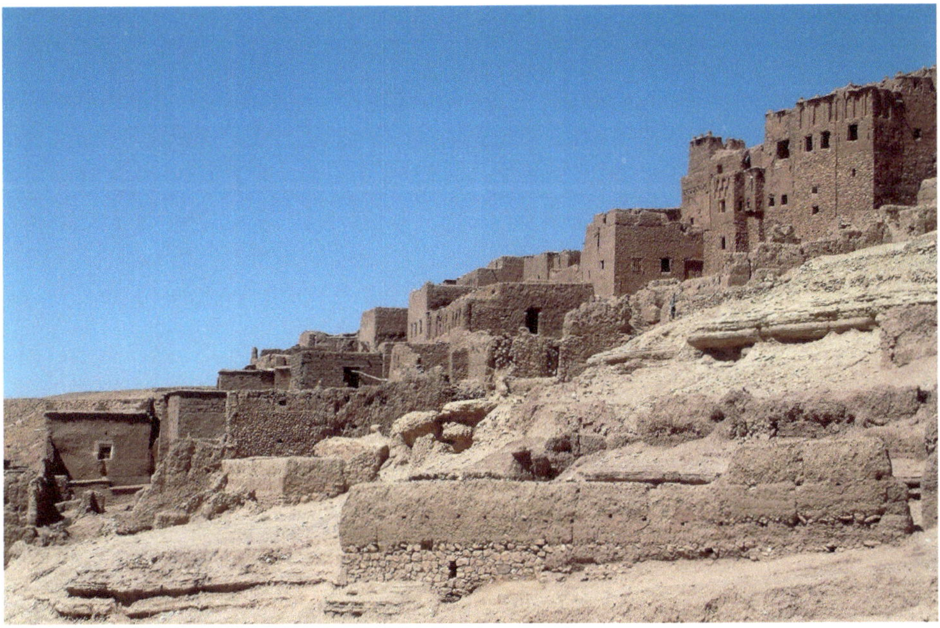

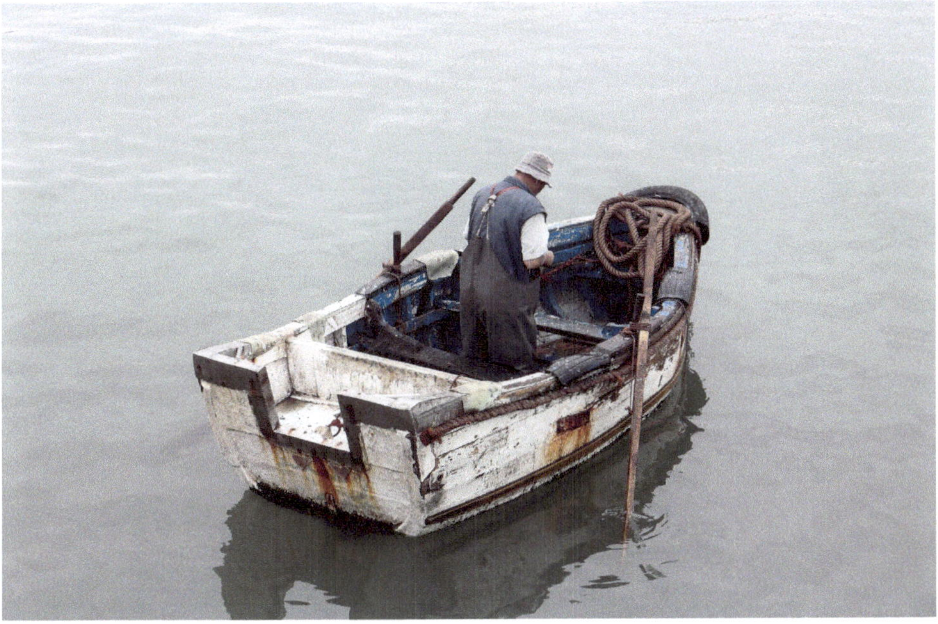

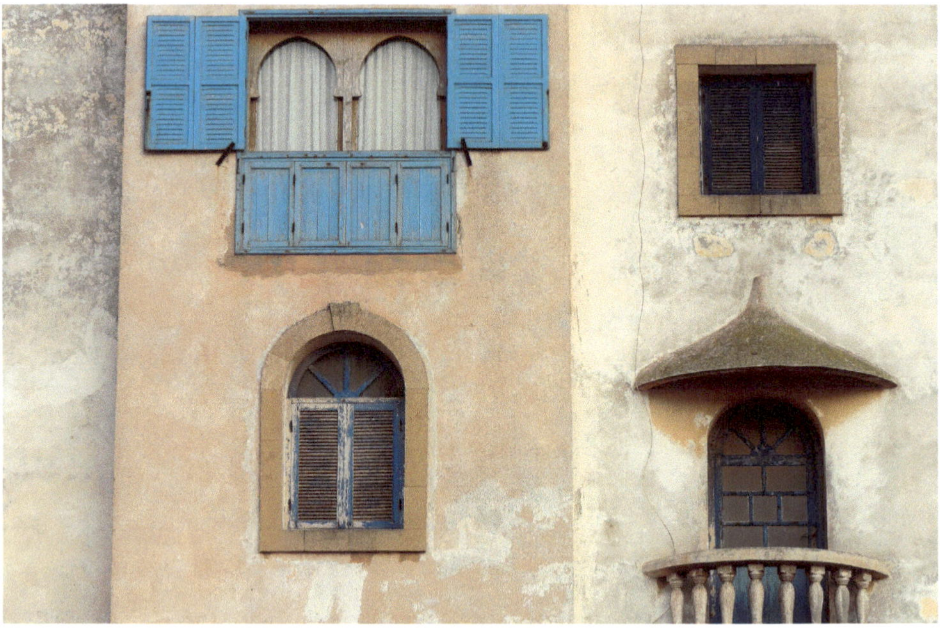

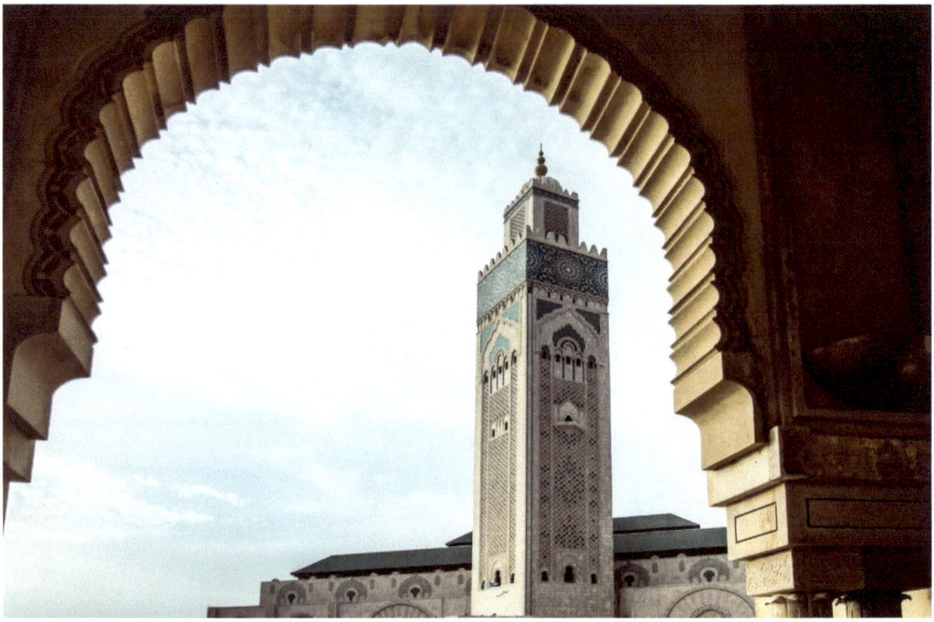

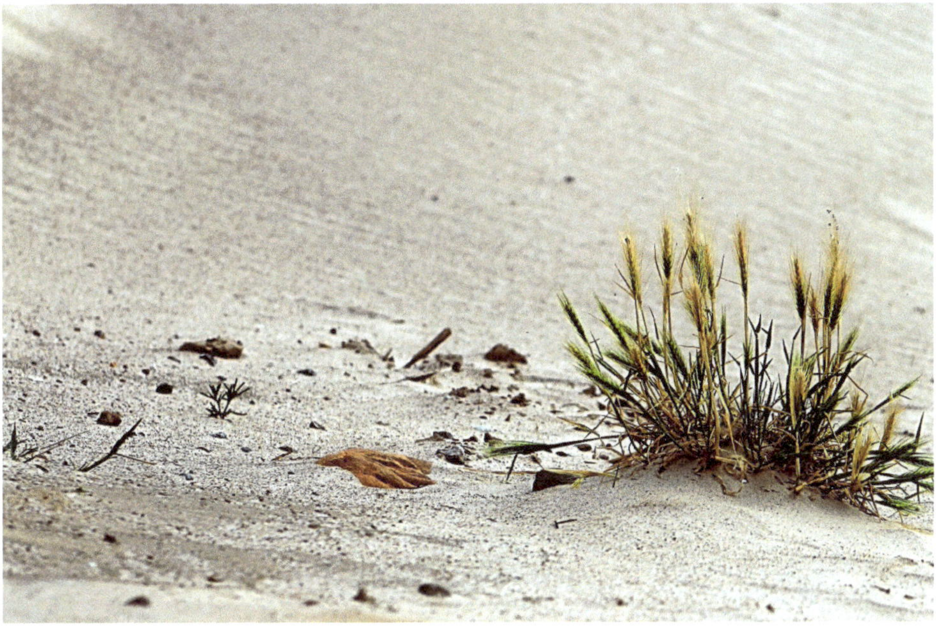

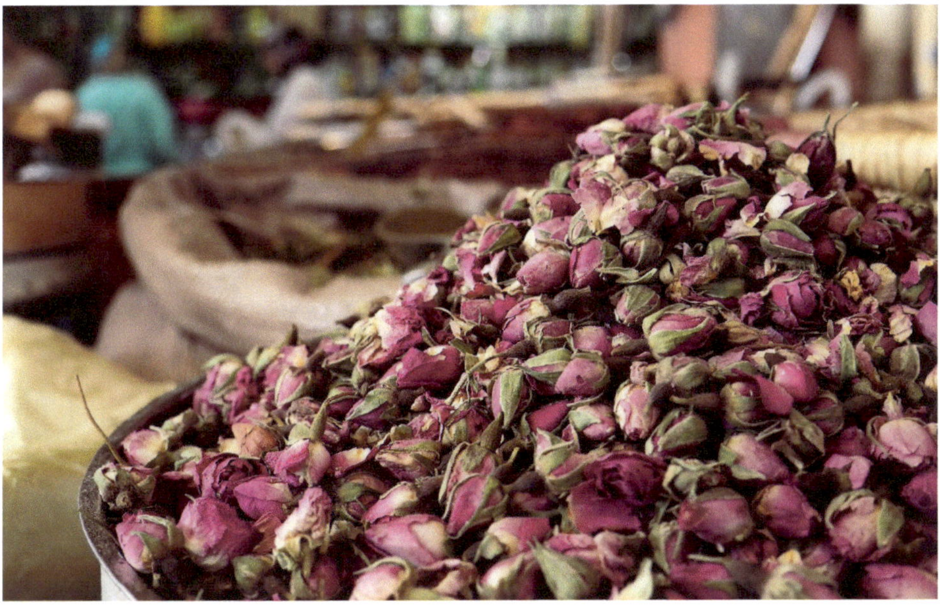

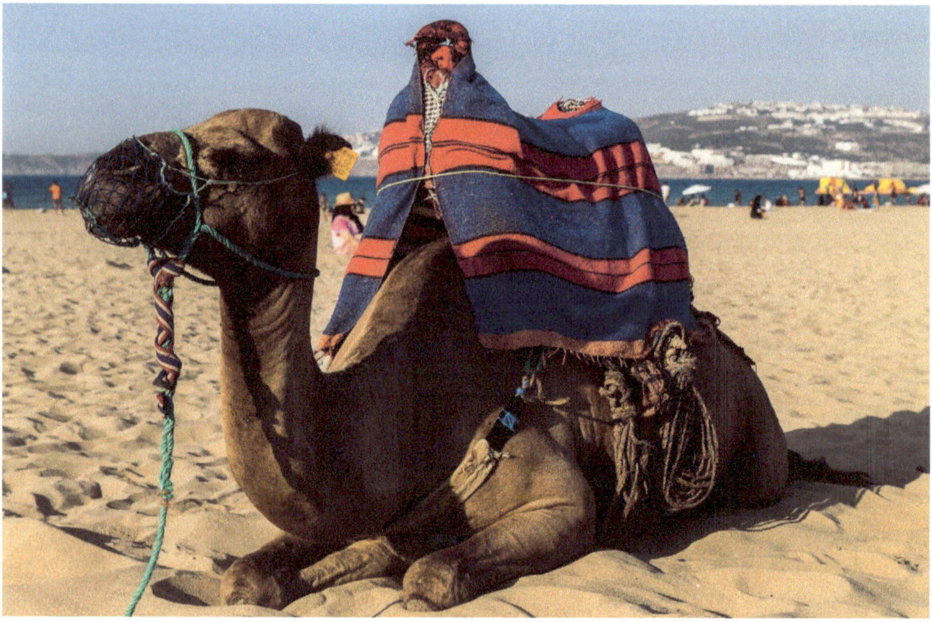

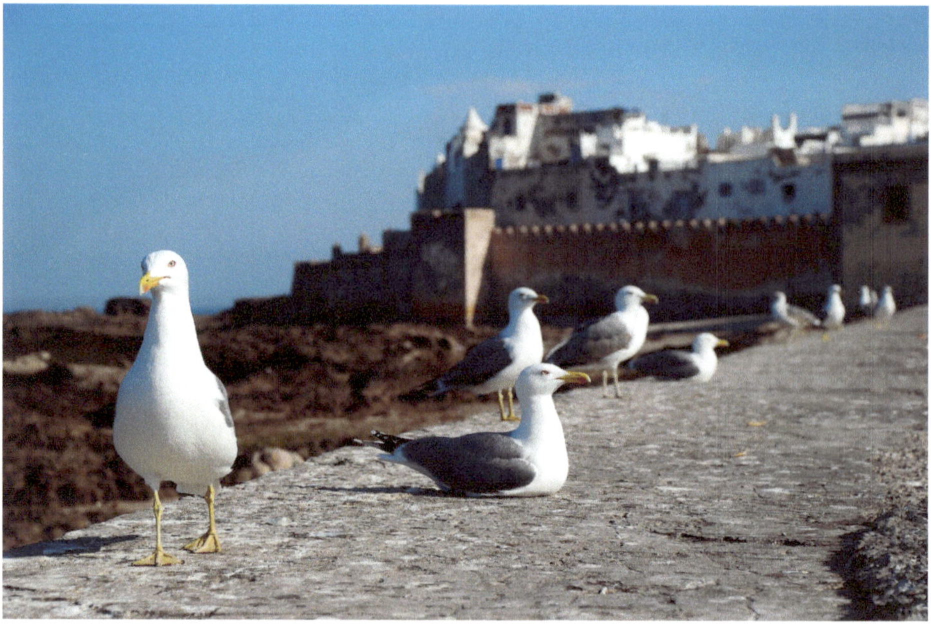

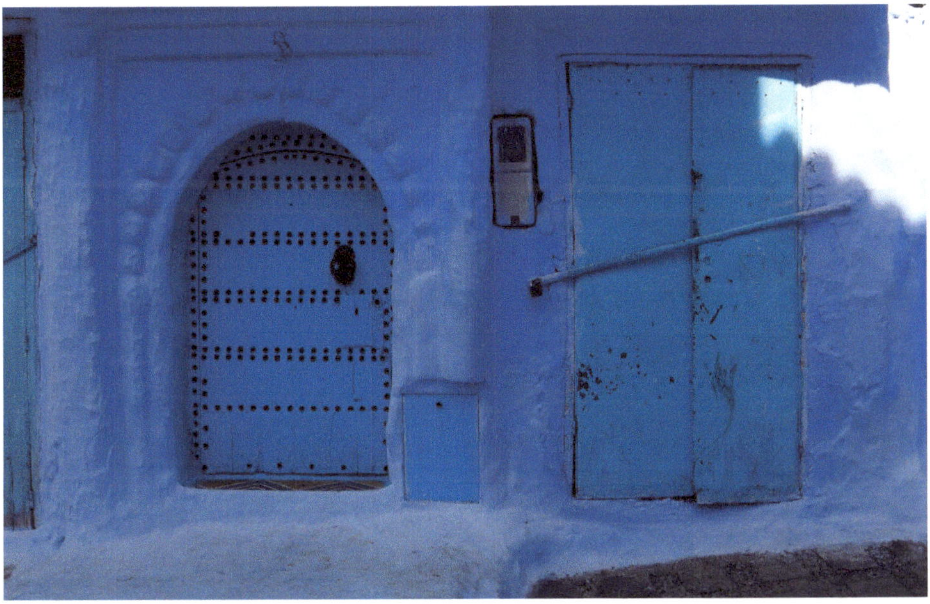

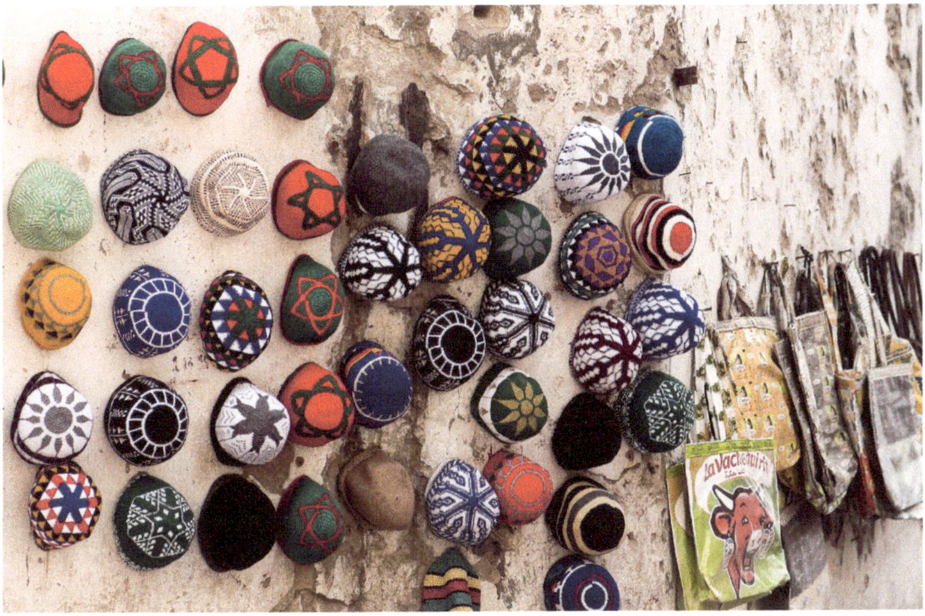

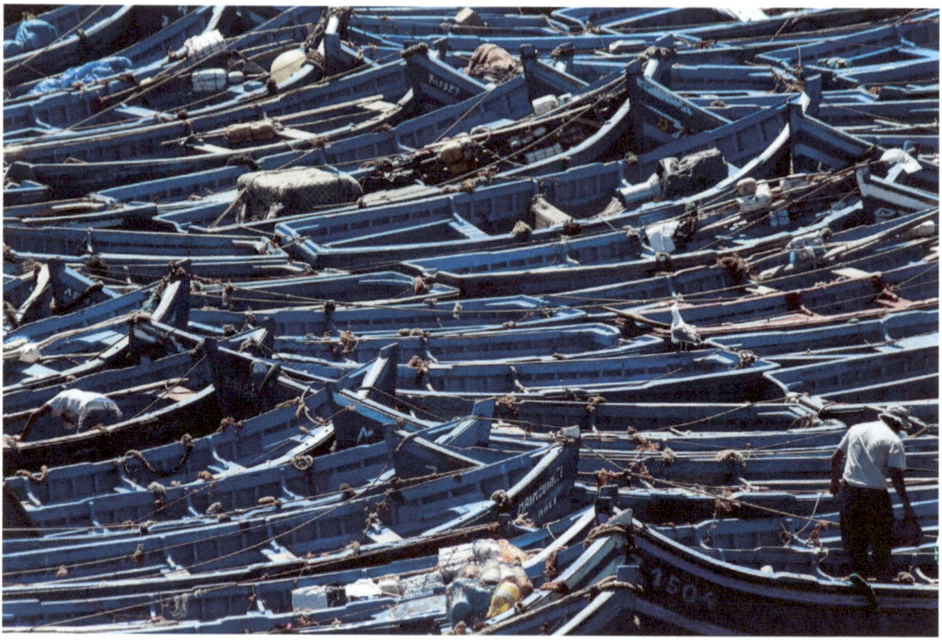

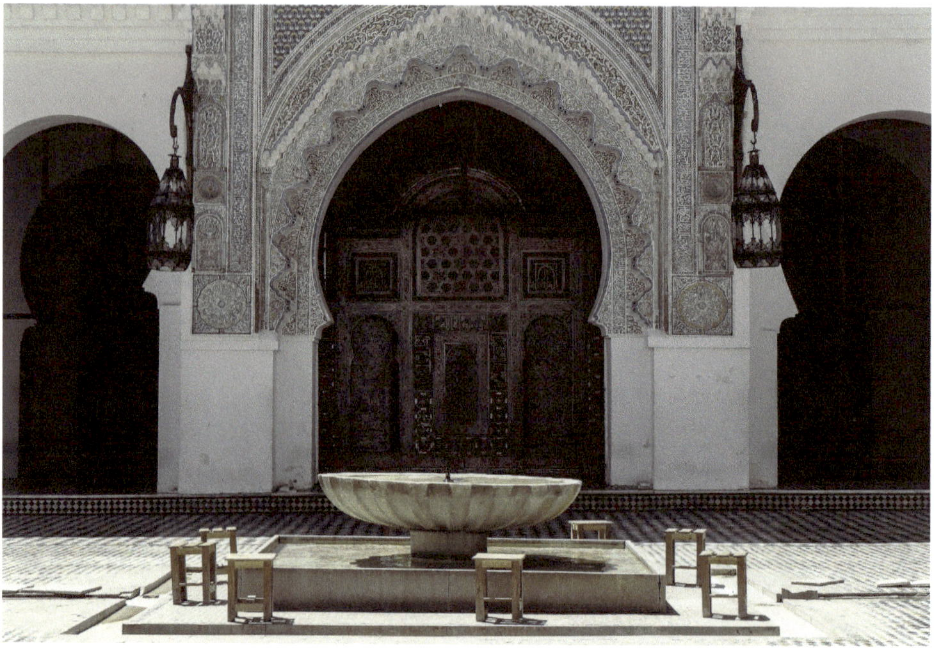

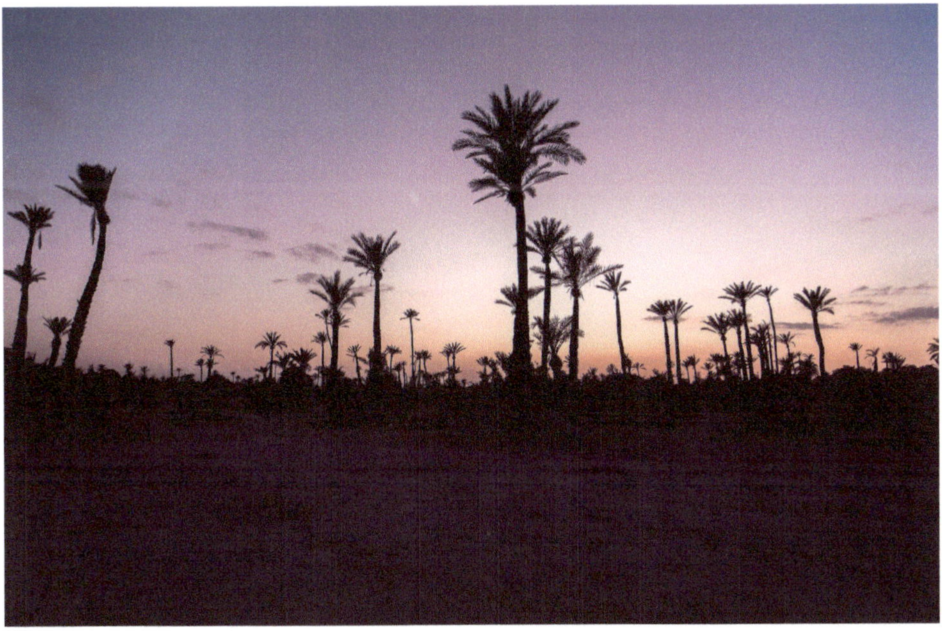

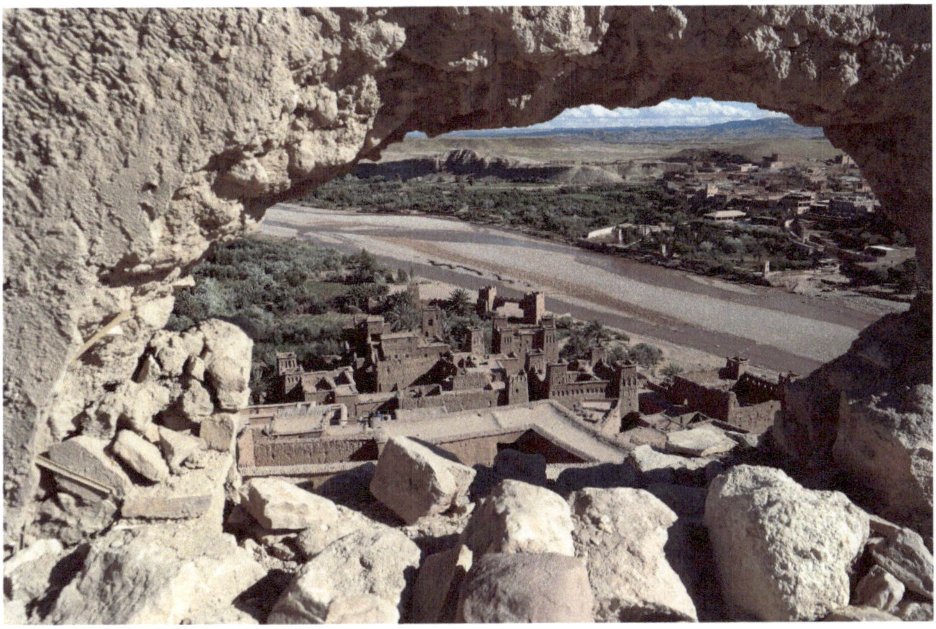

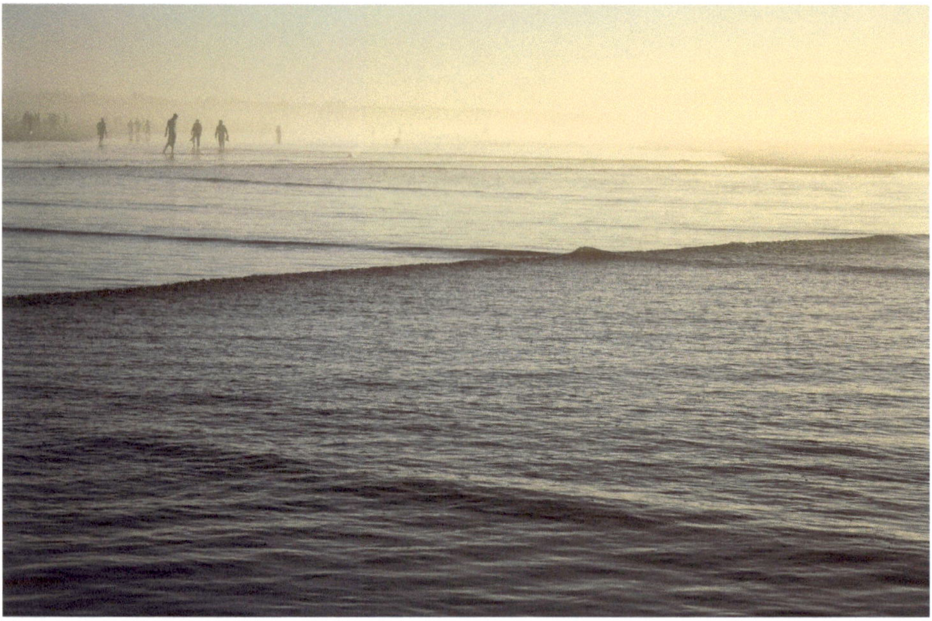

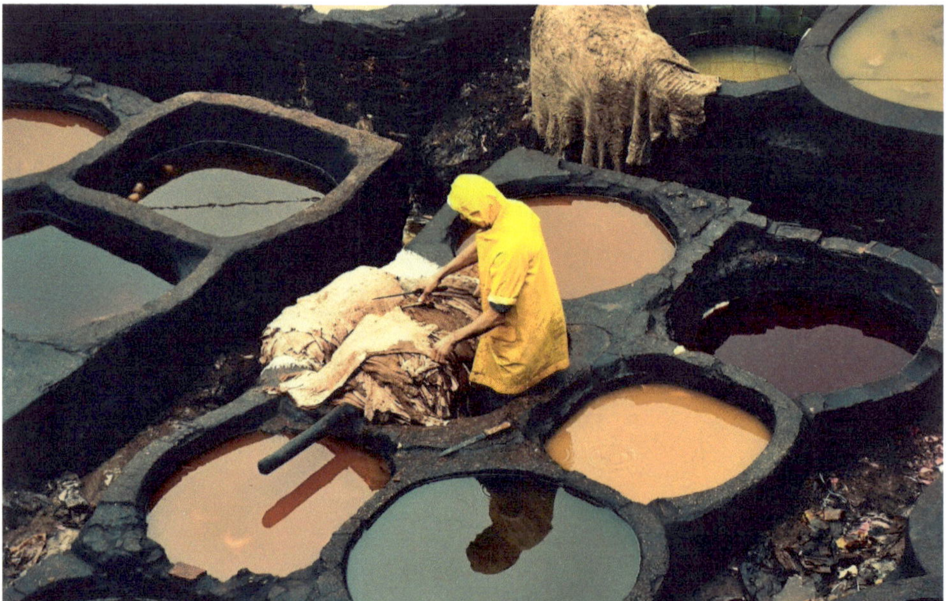

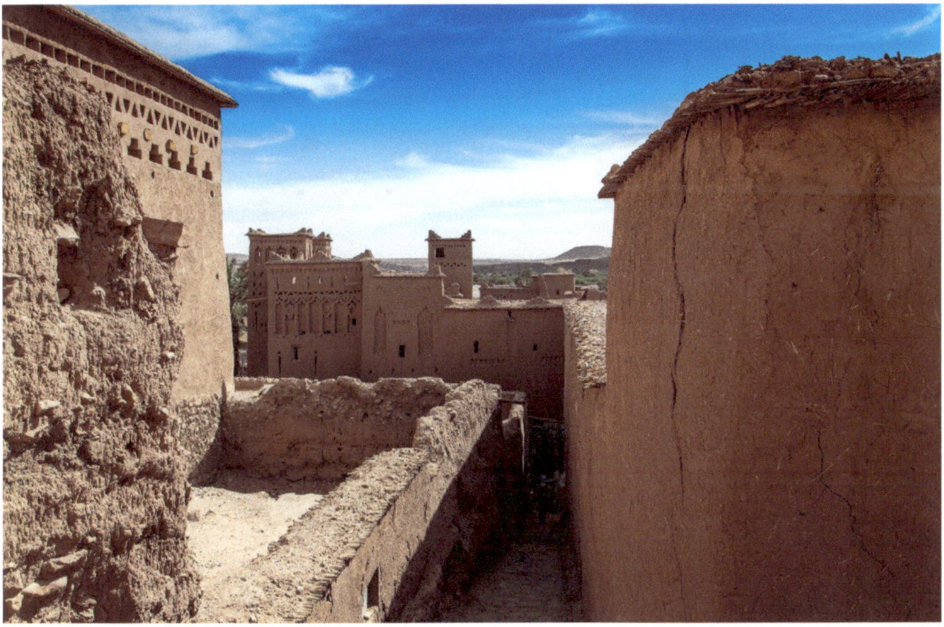

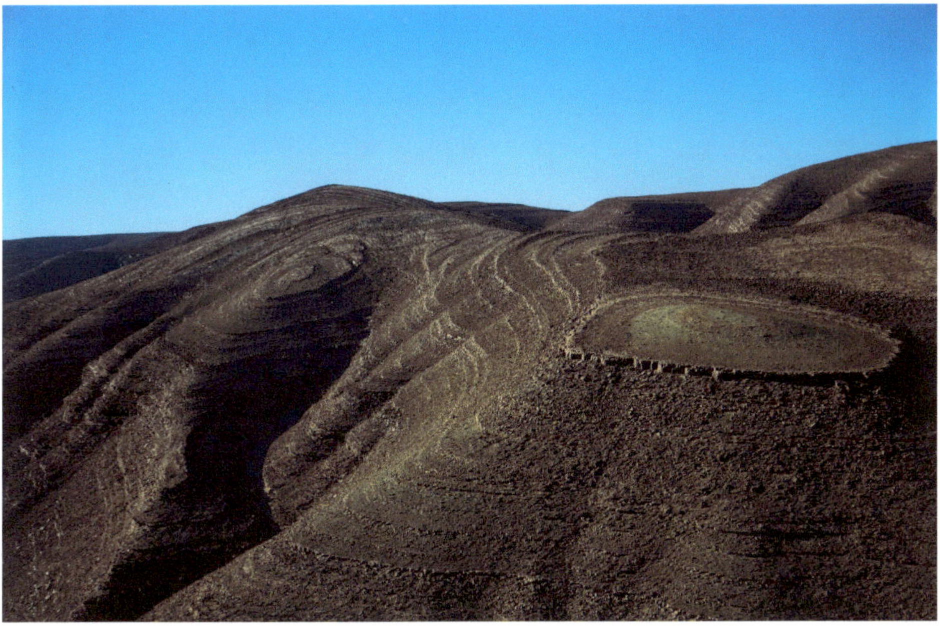

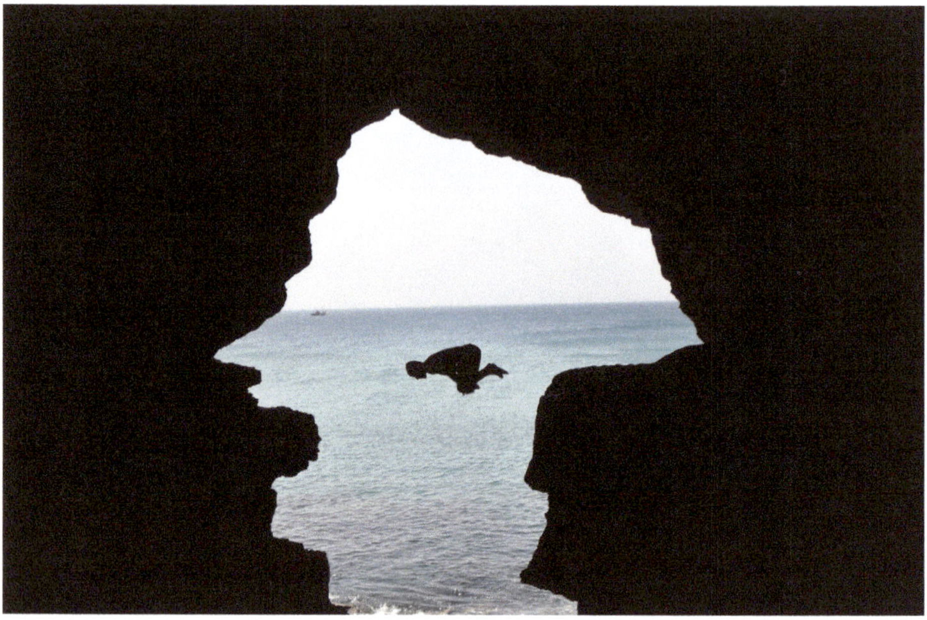

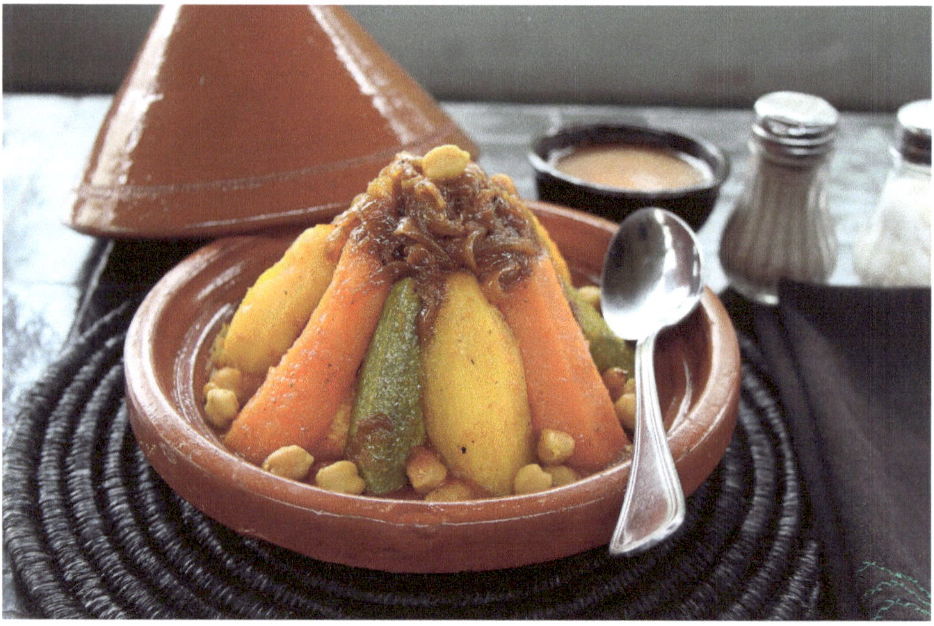

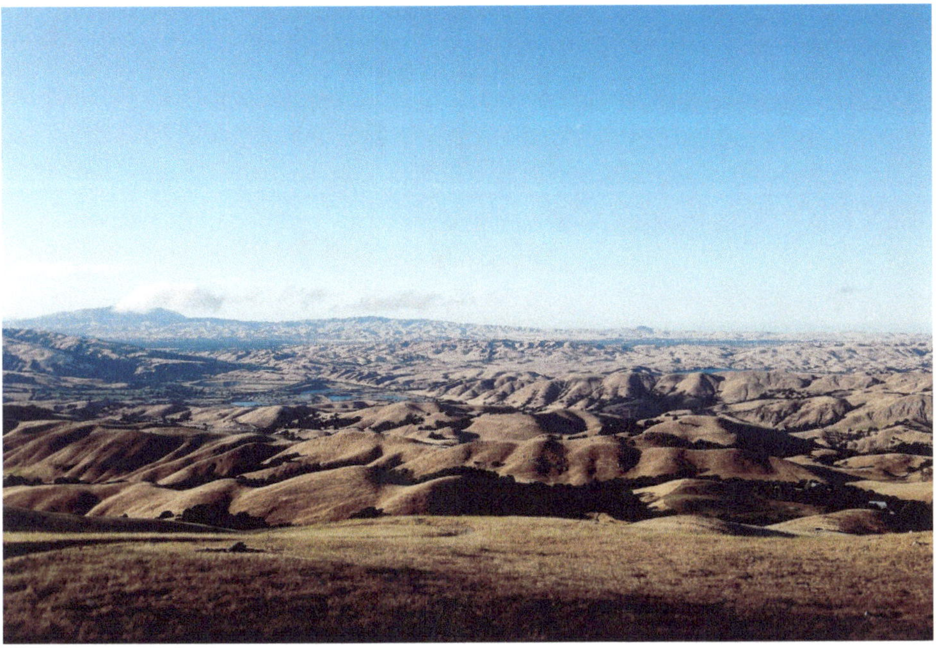

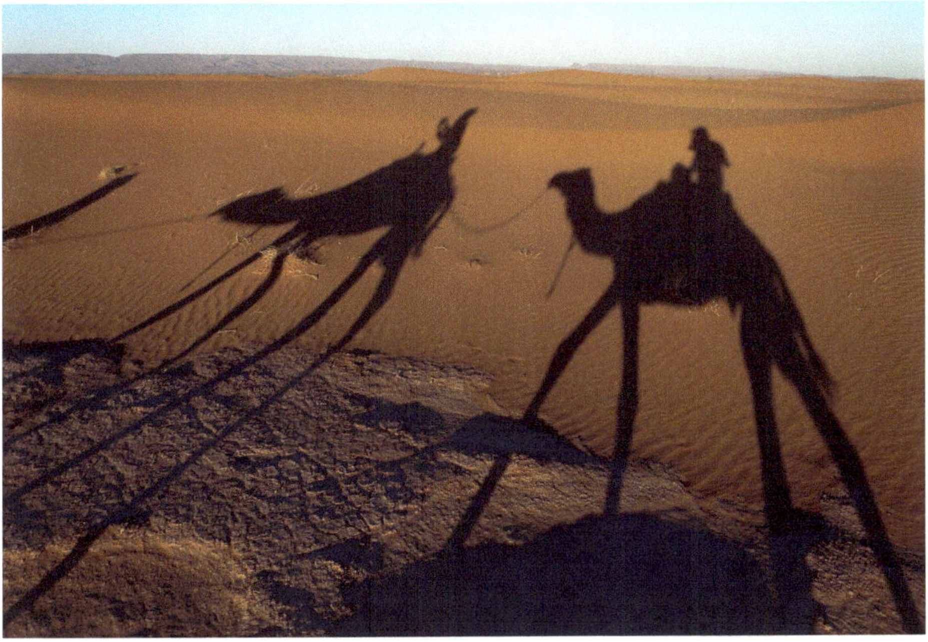

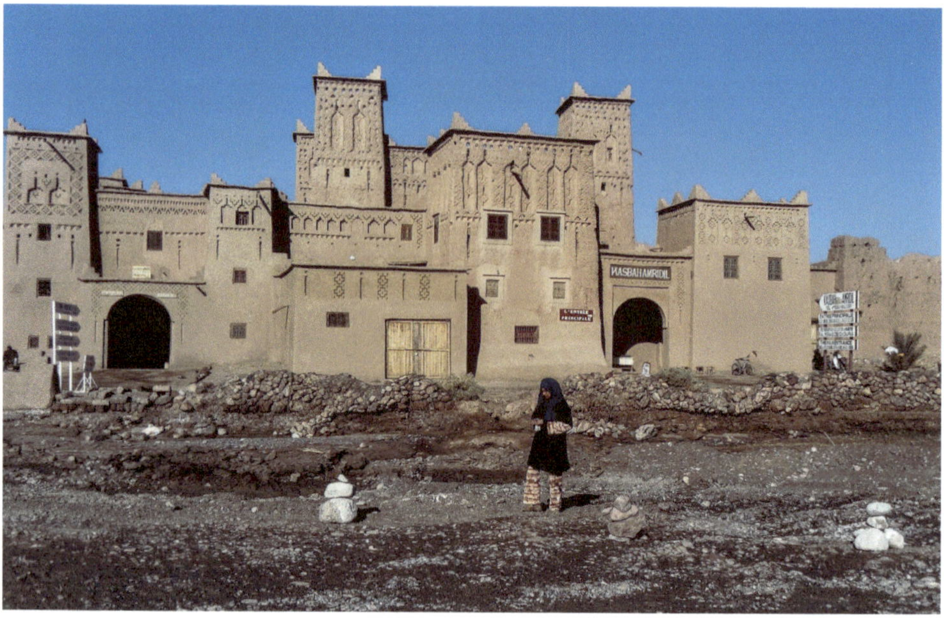
KASBAHAMRIDIL
L'ENTREE PRINCIPALE

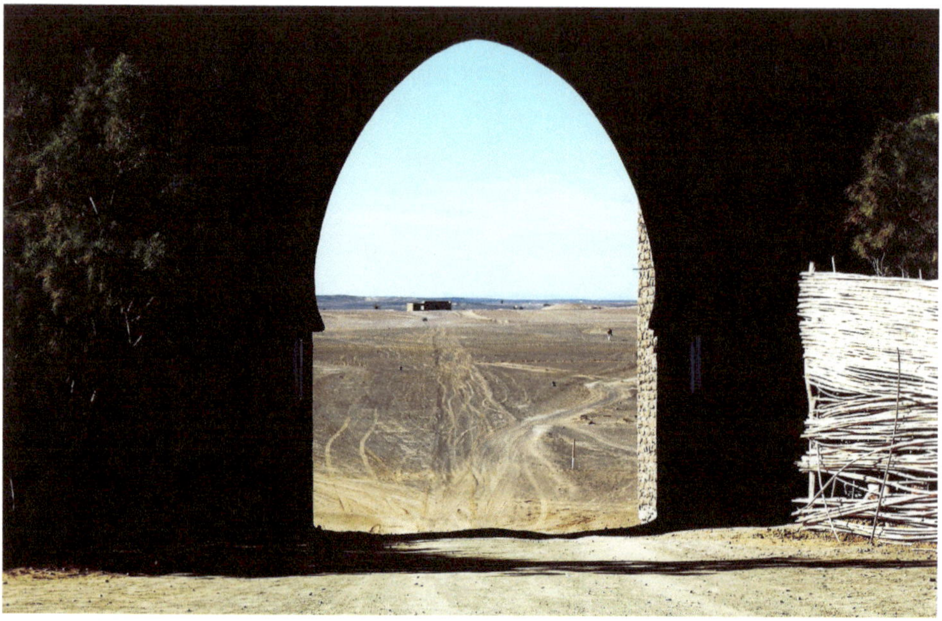

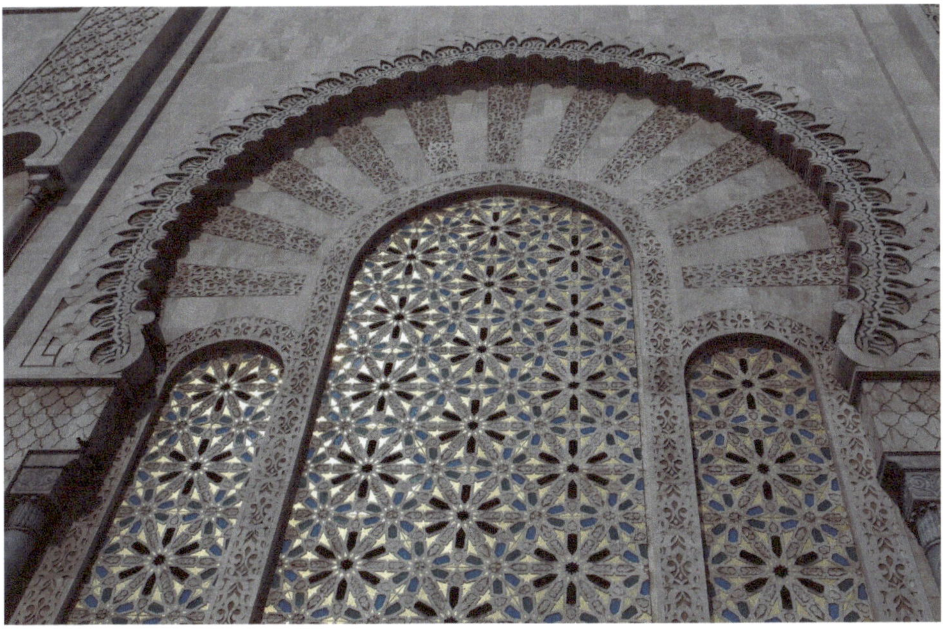

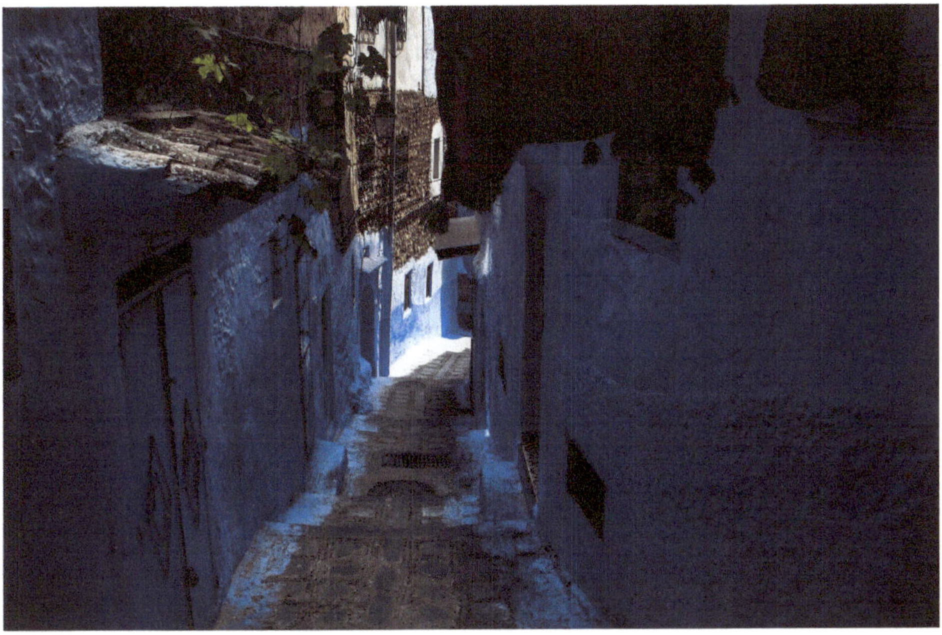

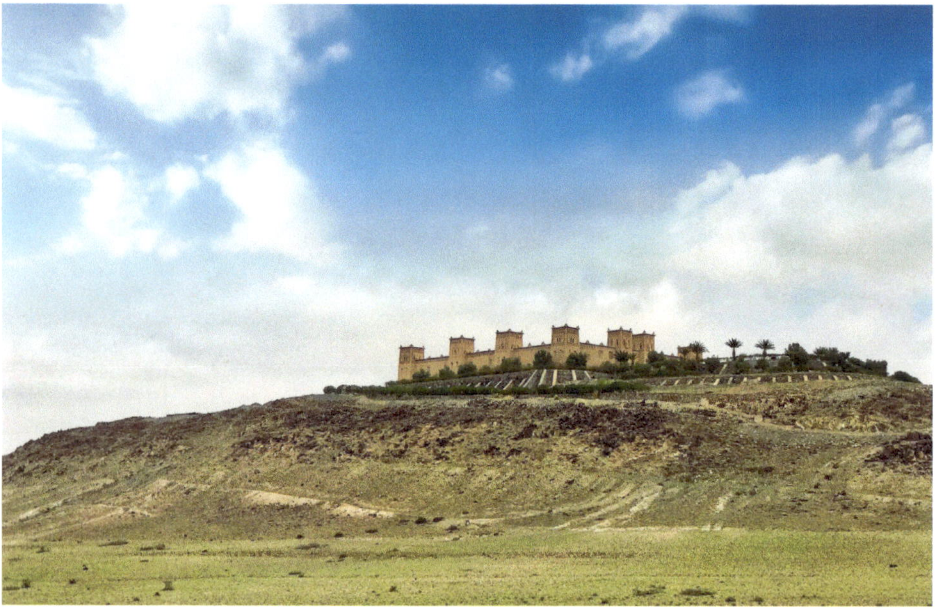

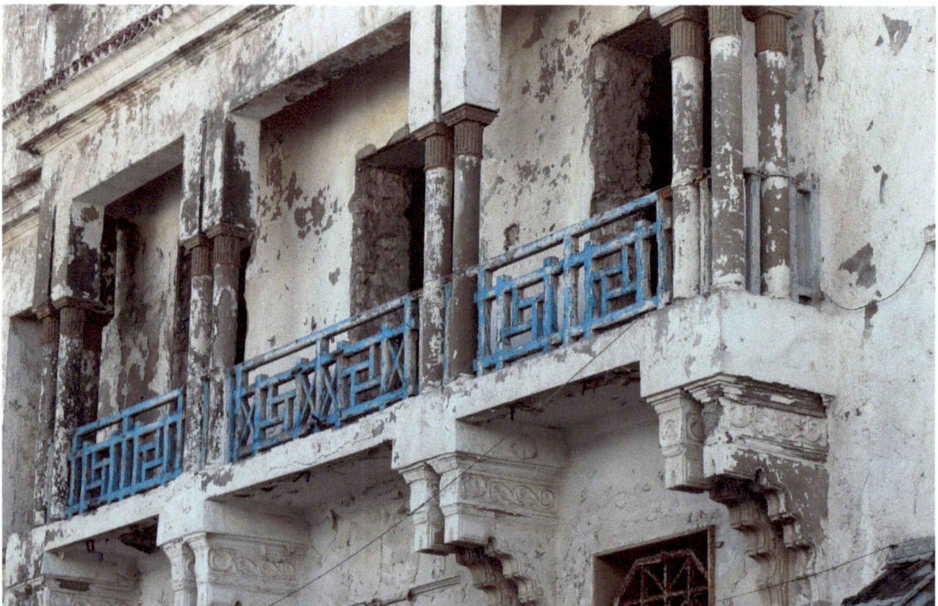

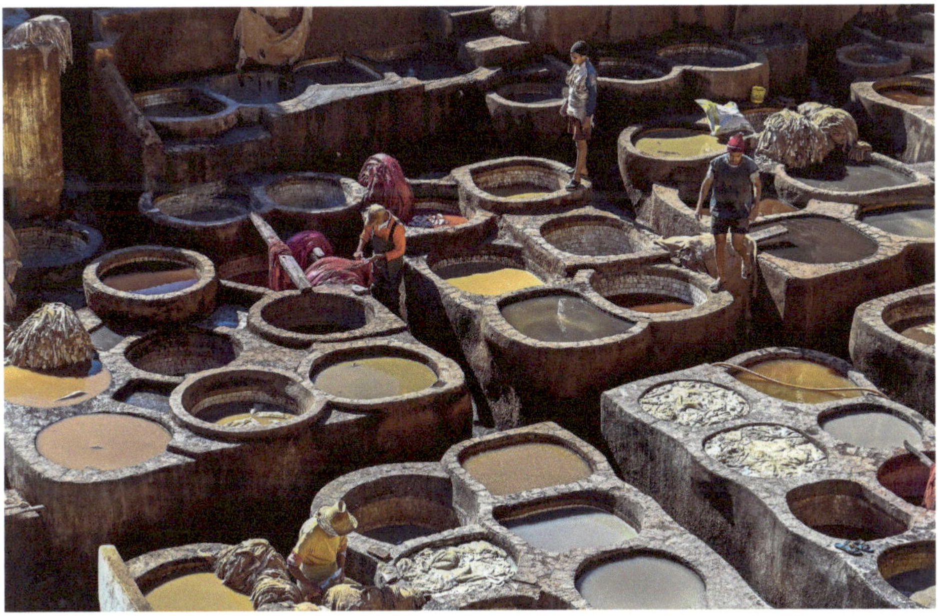

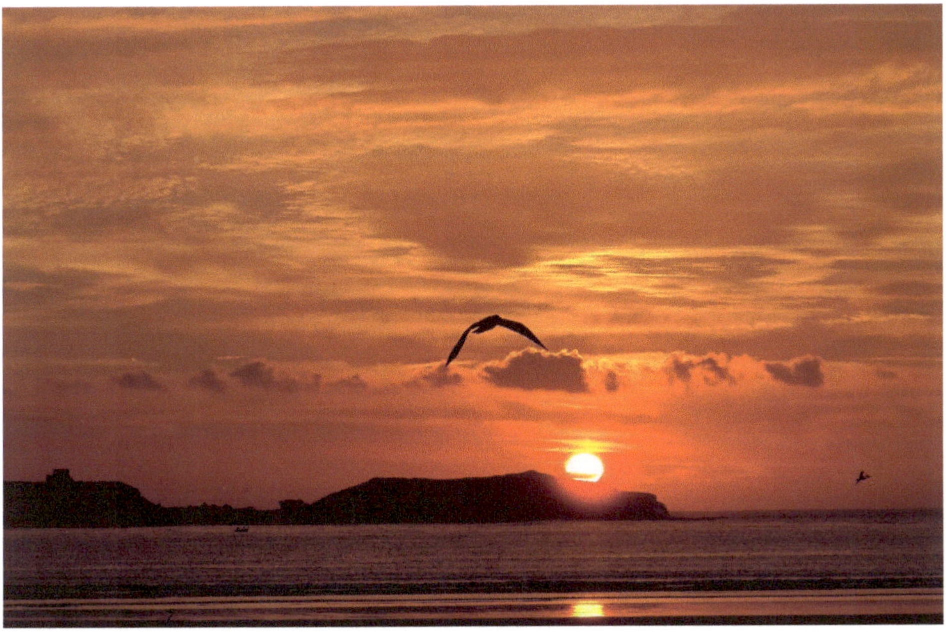

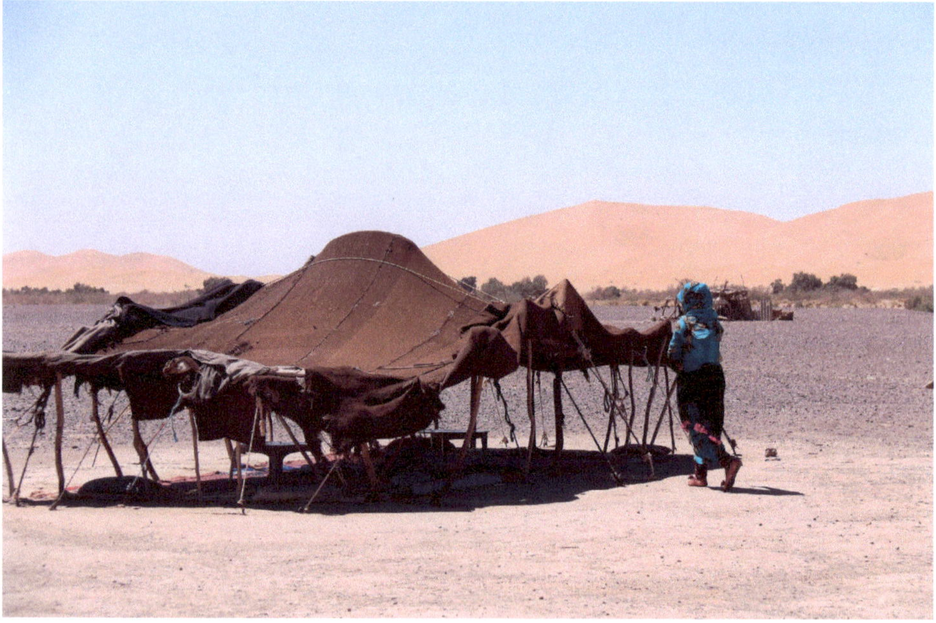

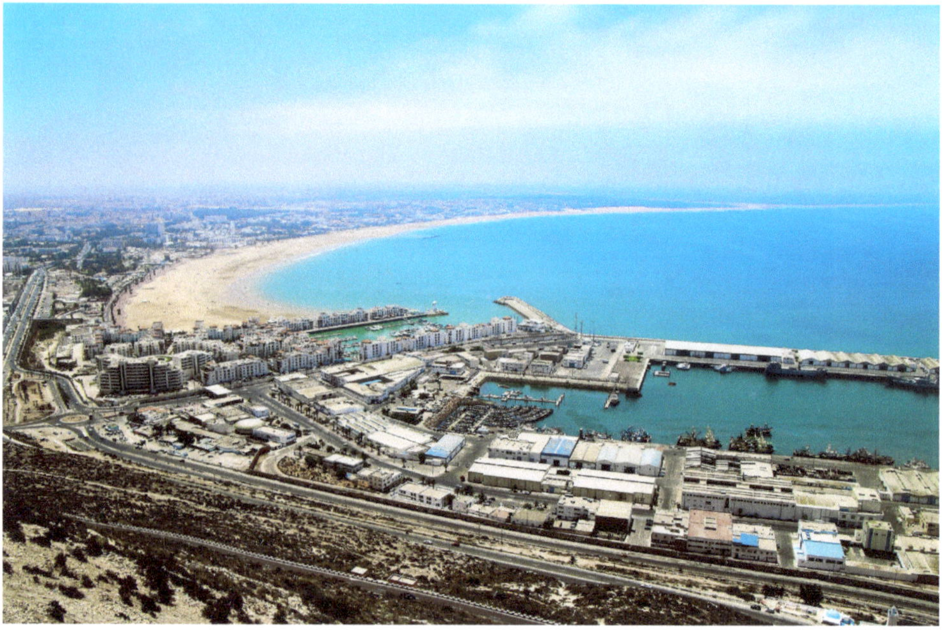

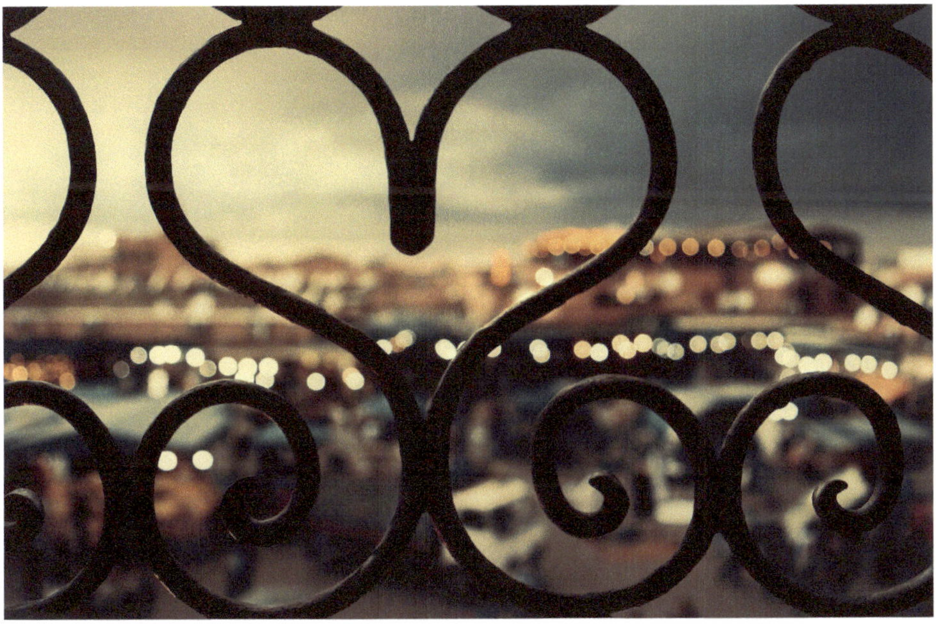

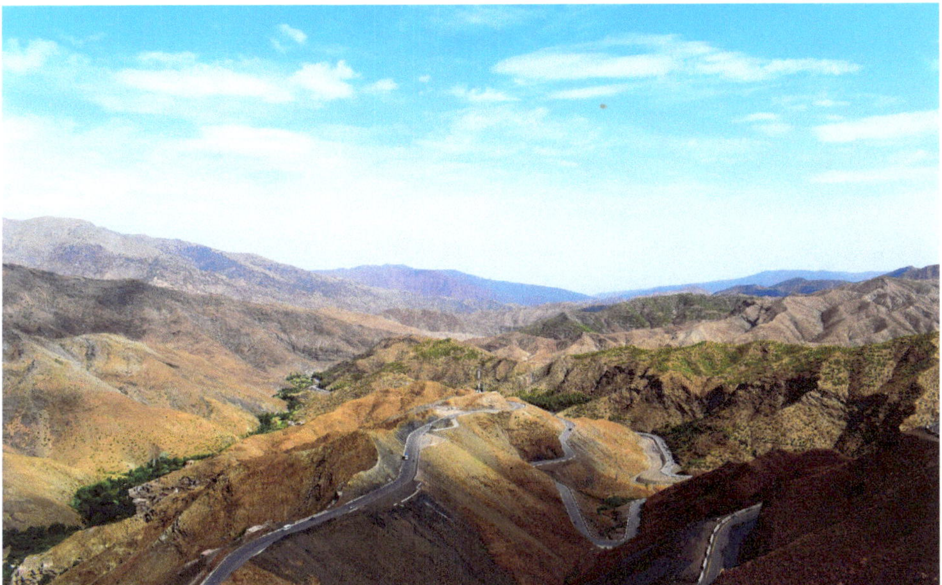

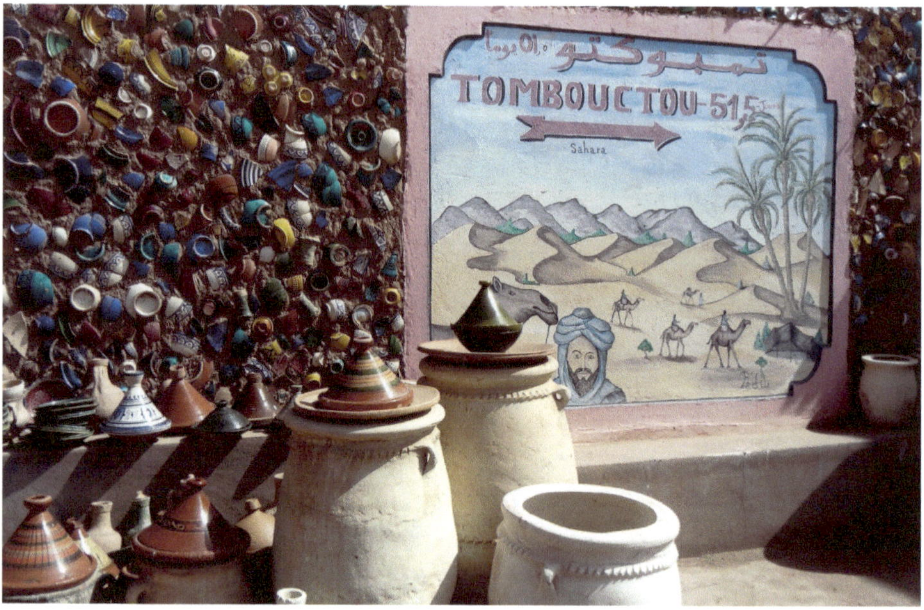
تمبوكتو ٥١,٥ يوما
TOMBOUCTOU-51,5
Sahara

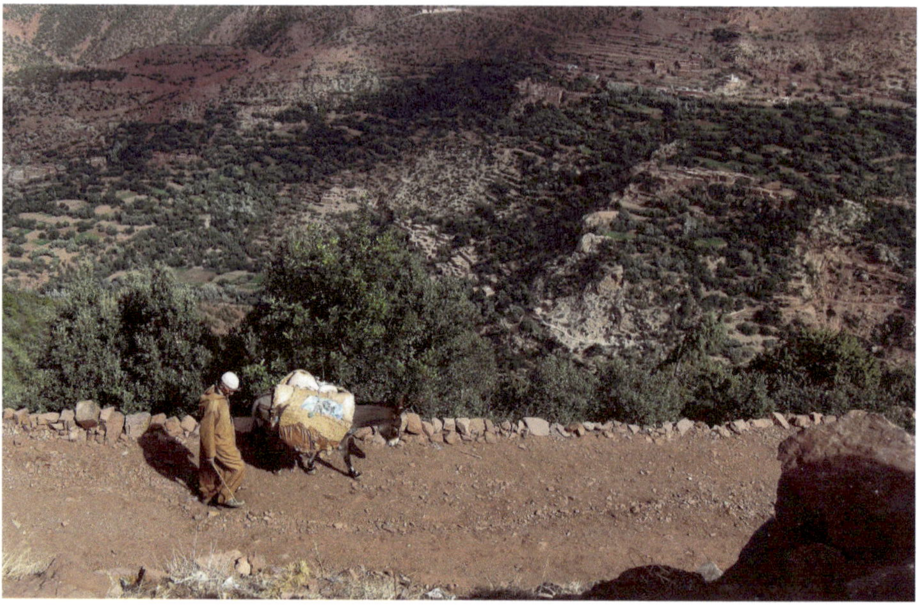

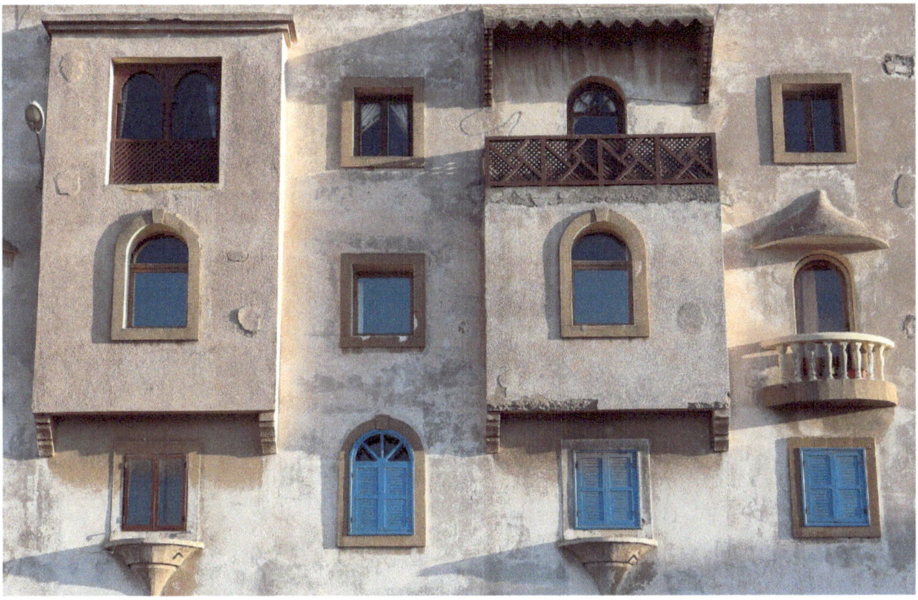

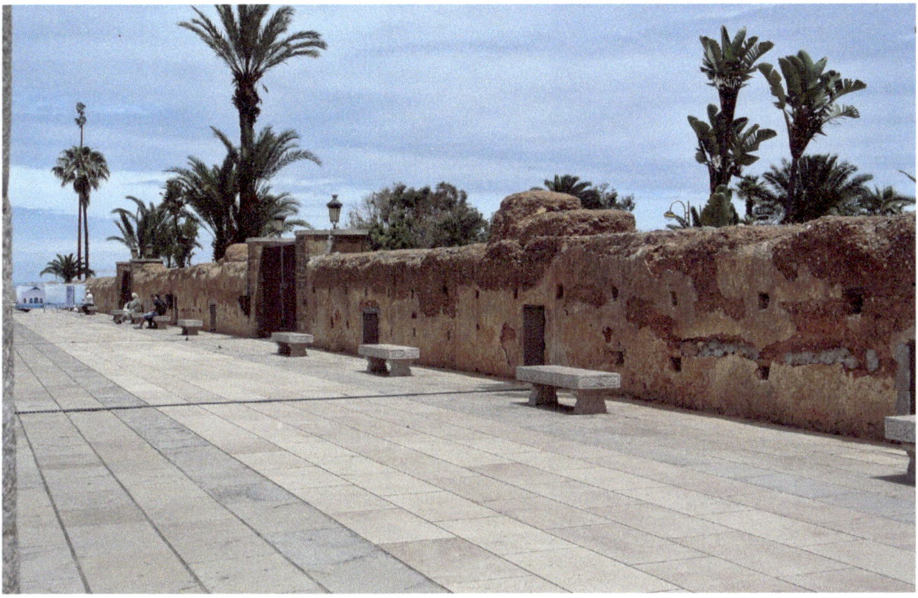

www.ingramcontent.com/pod-product-compliance
Lightning Source LLC
Chambersburg PA
CBHW040331220526
45473CB00009B/2649
9798476546450